최준식 교수의
삶과 죽음 이야기
03

사후생 이야기

최준식 교수의 삶과 죽음 이야기 03

사후생 이야기

최준식 지음

서두에

이 책을 왜 썼을까?

|

나는 2011년 나름대로 야심을 품고 영계에 대한 책을 출간했다. 『죽음의 미래』(소나무)가 그것이다. 야심을 품었다는 것은 세간에는 이런 유의 책이 별로 없기 때문이다. 한국어로 된 책이 없는 것은 말할 것도 없고, 과문한 탓인지 몰라도 세계 공용어인 영어로도 이런 유의 책을 본 적이 없었다. 굳이 이 책과 가장 유사한 책을 꼽으라면 티베트의 『사자의 서』나 스베덴보리(1688-1772)의 『천국과 지옥』 정도가 아닐까 한다. 그런데 이 두 책은 각각의 종교인 불교와 기독교에 치우쳐 있고 그 종교들의 교리로 도배되어 있어 그것을 걷어내지 않으면 일반인들은 진의를 이해하기가 매우 어렵다.

그러나 『죽음의 미래』를 쓰면서 위의 두 책에 힘입은 바가 크다. 특히 스베덴보리의 설명은 최고였다. 스베덴보리의 책은 영계를 직접적으로 묘사하고 있어 진실로 많은 도움이 되었다. 내가 그의 책을 접한 것은 1970년대였는데 그때는 공부가 부족해 그 내용을 거의 이해할 수 없었다. 그러나 이번에 30여 년이 지나 다시 보니 그의 책은 보석과 같았다.

그가 어떤 소명을 받았는지 모르지만 (기독교의) 천사들과 함께 20여 년 동안 영계를 왕래한다. 그리고 그것들을 모두 기록에 남긴다. 그 기록 가운데 대표적인 내용을 담은 저서가 앞에서 언급한 『천국(천계)과 지옥(하계) (De coelo et de Inferno)』(1758)이다.* 그런데 이 책은 앞서 말한 대로 기독교에 경도되어 있고 아주 어려운 표현들이 많아 일반 독자들이 읽기에는 무리가 있다. 그래서 나는 그의 표현을 가능한 한 쉽게 바꾸려고 노력했는데, 그의 시대적 한계나 종교적 편향을 벗겨낸다면 그 묘사와 설명은 놀랄 만큼 생생하고 정확하다.

그 책의 가치는 수많은 위인들이 그를 찬탄한 것을 보면 알 수 있다. 아울러 현대에 이루어진 연구와 비교해 보면 그의 저서에 나온 내용이 얼마나 정확한지 알 수 있다. 괴테(1749-1832), 카를 융(1875-1961), 발자크(1799-1850), 칼라일(1795-1881), 에머슨(1803-1882) 등과 같은 서양의 최고 지성들은 그를 한껏 칭송했다. 뿐만 아니라 서양에 선불교를 처

---

* 이 책은 2003년에 『영성신학자 스베덴보리가 쓴 천국과 지옥』이라는 제목으로 출간(김은경 역, 다지리)되었는데 필자가 참고한 건 1987년에 출간된 『천국과 지옥』(강흥수 역, 세종문화사)이라는 책이었다. 사실 후자의 책도 1970년대에 역자가 이미 출간했던 것을 재인쇄한 것이다.

음 소개한 스즈키 다이세츠(鈴木大拙 1870-1966)도 그를 가리켜 '북구의 아리스토텔레스이자 서구의 붓다'라는 찬사를 남겼다. 그러나 영계에 대한 그의 설명이 지닌 정확성을 명확하게 확인할 수 있었던 것은 현대에 들어와 근사(임사)체험이나 사후생, 혹은 역행최면을 통한 체계 잡힌 연구가 이루어지면서부터였다. 근사체험이나 역행최면으로 영계나 전생을 탐구한 사람들 역시 영계에 대해 스베덴보리와 똑같은 묘사를 했기 때문이다.

이렇게 위의 두 책을 공부하다가, 이 책들의 장점을 이어받으면서 한계점을 극복하고 현대인들이 이해하기 쉬운 언어로 영계 이야기를 써야겠다는 생각이 강하게 들었다. 그렇게 하기 위해서는 동서고금을 막론하고 지금까지 영계에 대해 설파한 사람들의 연구나 주장을 모아야 했다. 나는 지금까지 종교학을 전공해 왔고 그 전에도 계속해서 영계에 관한 책을 보고 있었기 때문에 자료 수집에는 별문제가 없었다.

그런데 이 자료들을 보면 재미있는 사실이 발견된다. 영계에 대해 가장 구체적인 설을 남긴 사람들이 대부분 개신교도라는 것이다. 내가 이번 책을 쓰면서 가장 많이 의존한 자료들은 지중해의 성자라 불리면서 최근까지 키프로스 섬에서 살았던 다스칼로스(1912-1995), 그리고 덴마크의 현자 마르티누스(1890-1981)의 것이다. 그리고 20세기 미국에서 '잠자는 예언자'로 불렸던 에드가 케이시(1877-1945)의 환생 이론도 참조했다. 그런가 하면 생존해 있는 미국의 최면 치료 전문가

마이클 뉴턴(Michael Newton)의 최면 세션 보고도 많이 참고했다.[*]

이 사람들 말고도 인용한 사람[**]이 많지만 이들 대부분이 서양인이라는 사실을 주목해야 한다. 게다가 다스칼로스나 마르티누스나 케이시는 기독교에 완전하게 뿌리를 박은 사람이라는 것도 잊어서는 안 된다. 생각해 보면 영계나 환생에 대한 이야기는 불교에서 많이 나올 듯한데 의외로 불교 계통의 서적에서는 도움이 되는 내용을 찾기가 힘들었다. 반면 원불교 교전에는 직접적으로 도움이 될 만한 내용이 있어 그것은 인용하였다.

이렇게 연구자들에 대해 다소 장황하게 이야기하는 것은 내가 이들의 이야기나 주장을 『죽음의 미래』에서 종합했기 때문이다. 앞에서 '야심을 품고'라는 표현을 쓴 것은 나름대로는 인류가 역사를 시작한 이래로 영계에 대해 이야기한 학설 가운데 대표적인 것들을 종합했다고 생각했기 때문이다.

---

[*] 이들에 대한 자세한 정보는 앞에서 언급한 『죽음의 미래』를 참고하면 된다.
[**] 예를 들어 이안 스티븐슨 교수, 브라이언 와이스, 조 피셔, 지나 서미나라, 헬렌 웜바흐 등등이 그들이다. 이들 외에 근사(임사)체험과 관련해서도 많은 연구자들이 있지만 그 명단에 대해서는 생략하였다.

∥

그렇게 야심차게 기획을 해서 책을 출판했건만 반응이나 판매는 영 시원치 않았다. 물론 판매가 잘 될 거라고 기대했던 것은 아니었다. 하루하루 살기 바쁜 사람들이 생각하기에 영계에 관한 이야기는 너무도 생소할 수 있기 때문이다. 게다가 그 책의 맨 뒤에는 '영계 가이드라인'이라는 것을 만들어 실었는데 그 부분은 내가 쓰면서도 조심스러웠다. 그 가이드라인의 목적은 죽음 다음에 영계에 도착해서 헤매지 말자는 것이었다. 게다가 그곳에서 생활을 유익하게 보내고 카르마 법칙의 안내를 받아 이 세상으로 돌아와야 한다고 했으니 얼마나 해괴망측한 소리로 들렸겠는가? 보통 사람들에게는 자신이 죽어서 영혼의 형태로 계속 남아 있다는 것조차도 받아들이기 힘들 것이다. 그런데 그 가이드라인에서는 영계에 대해서 마치 이 세상의 이야기처럼 해댔으니 얼마나 생경하게 들렸겠냐는 것이다.

그러나 나는 자신이 있었다. 개인적인 소신에 그칠 수도 있겠지만 이 『죽음의 미래』라는 책은 티베트의 『사자의 서』 이후에 나온 최초의 영계 안내서일 뿐만 아니라 내용 면에서도 『사자의 서』를 능가할 것이라는 확신을 갖고 있었기 때문이다. 생각은 그렇게 갖고 있었지만 독자들은 내가 밝힌 '영계 가이드라인' 보다 『사자의 서』를 더 신임하리라는 것을 알고 있었다. 『사자의 서』는 불교와 티베트라는 권위 있는 두 전통이 받쳐주고 있기 때문이다.

그러다 나는 내 책이 일반인들이 접근하기에 문제가 있다는 것을 알게 되었다. 나는 그 책을 내고 바로 강의를 시작했는데 장소는 학교가 아니라 일반인들로 구성된 작은 공부 모임이었다(대학에서 이런 강의를 하려면 앞으로 몇십 년을 기다려야 할지 모른다). 모임에서는 그 책을 아주 꼼꼼하게 읽어 내려갔는데 그때 그 책이 일반인들이 읽기에 불편하다는 사실을 깨닫게 되었다. 일반 독자들은 어떤 학자가 무슨 말을 하고 어떤 주장을 했는지에 대해서는 별로 관심을 갖지 않는다. 그런 것은 학자들이나 좋아하는 것이지 일반 독자들의 관심사는 아니었다. 그리고 각 학자들의 주장을 나름대로 분석하고 비교 연구하는 것도 일반 독자들은 그리 반기는 것 같지 않았다. 추측컨대 일반 독자들은 핵심적인 내용을 소화하기 좋게 만든 콘텐츠를 원하는 것 같았다.

이번 책이 바로 그 콘텐츠이다. 『죽음의 미래』를 대폭 간소화해서 일반 독자들이 좀 더 쉽게 문제의 핵심에 다가갈 수 있게 만든 것이다. 그러니까 간추린 뼈와 같은 책이라고 할까? 독자들 중에 살이나 근육처럼 더 풍부한 것을 느껴 보고 싶은 사람은 이전 책을 보면 된다. 그러나 이번 책 한 권 안에 영계에 대한 핵심적인 것은 다 실었으니 이 책으로 완결될 수 있음을 밝힌다.

이 책의 주요 내용은 영계의 법칙 혹은 원리에 대한 것이다. 쉽게 이야기해서 영계는 어떤 원리로 움직이는지에 대한 것이다. 따라서 영혼이 존재하고 영계가 있다는 것은 당연한 사실로 받아들이고 시작하는 것이다. 영계는 어떤 면에서는 물질계의 연장이라고 할 수 있지만 어떤 면에서는 완전히 다른 법칙이나 원리에 따라 움직이는 세계이다. 그런데 만일 그 법칙을 잘 모르고 있으면 그곳에 있는 동안 계속 헤매다 카르마(Karma, 業)에 견인되어 시간이 되면 그냥 환생할 수도 있다. 이렇게 되면 영혼은 영계에서의 생활을 헛되이 보낸 것이 된다.

  우리는 지상에서 물질의 옷을 입고 있을 때에도 할 일이 있지만 육신을 벗고 영혼 상태가 되었을 때도 할 일이 있다. 그런데 워낙 영의 세계에 무지하니 응당 해야 할 일을 하지 못하고 아까운 생을 낭비하는 경우가 많다. 그래서 그런 시행착오를 줄여 보자는 것이다. 지상에서도 계속 배워 자신의 지력을 끌어올려야 하듯이 영계에서도 같은 노력을 해야 한다. 그러려면 영계가 돌아가는 원리를 알고 가는 게 필요하지 않을까? 마치 먼 곳으로 여행을 갈 때 준비를 잘 하고 가면 많은 것을 얻을 수 있는 것 같이 말이다.

  이런 생각들은 이번에 『죽음의 미래』를 가지고 수 개월을 강의하면서 들었던 것들이다. 이 책을 통해 독자들이 영계에 대한 좀 더 명료한 인식을 갖게 되기를 기대한다. 그래서 이 책을 펴내게 된 것이다.

2013년 봄을 맞이하며
지은이 삼가 씀

차례

서두에 — 5
프롤로그 — 14

I. 죽음은 없다
01. 우리는 죽은 다음에도 존재하는가? — 18
02. 사후생은 우리에게 어떤 의미가 있는가? — 24
03. 왜 우리는 영계에 대해서 알아야 할까? — 30
04. 죽음이 정말로 고통스러울까? — 36
05. 육신을 벗을 때 어떤 일이 일어날까? — 42

II. 영계는 어떤 곳인가?
06. 영혼이란 무엇인가? — 48
07. 영계는 어떻게 구성되어 있을까? — 54
08. 영계는 물질계와 어떤 면에서 가장 다를까? — 60
09. 영계에 도착하면 어떤 일이 벌어질까? — 66
10. 자신이 죽었다는 사실을 빨리 인정할 것 — 72
11. 영계가 돌아가는 원리 — 78

최준식 교수의 삶과 죽음 이야기　사후생이야기

12. 천국과 지옥은 존재한다 — 84
13. 내가, 그리고 우리가 창조한 지옥의 모습은? — 90
14. 영계의 2차 영역은 어떻게 이루어지는가? — 96
15. 영혼에도 등급이 있다? — 102
16. 지상에 돌아오지 않아도 되는 영혼은 누구인가? — 108

III. 환생 준비하기

17. 2차 영역에서 우리는 무엇을 할까? — 116
18. 우리는 정말 환생하는가? — 122
19. 환생은 왜 하는가? — 128
20. 생일은 왜 축하해야 할까? — 134
21. 카르마란 무엇인가? — 140
22. 카르마가 운용되는 실제 모습은? — 148
23. 카르마를 대하는 우리의 바른 태도는? — 154

에필로그 — 160
참고문헌 — 164

프롤로그

이제 우리는 영계가 과연 존재하는지?,
즉 죽은 뒤에도 삶이 존재하는지 같은 가장 기초적이고 일반적이면서
대단히 중요한 질문부터 시작하고자 한다.
그다음 조금씩 심화된 질문으로 나아가게 된다.

우리는 이제 영계 탐사에 들어간다.

문제는 어떻게 서술하는가이다. 나는 그동안 적지 않은 책을 읽고 써 봤지만 책을 읽는 독자 입장에서 가장 좋은 건 주제를 세분화하고 한 주제에 집중해서 짤막하게 쓰는 것이라는 결론을 내렸다. 현대 사회에서는 빨리빨리하는 게 미덕(?)이다 보니 사람들이 진중하게 앉아 긴 호흡으로 책을 보는 일이 갈수록 힘들어진다. 그리고 인터넷에 익숙하니 어떤 주제이든 검색하면 바로바로 결과가 컴퓨터에 떠오른다. 그런 것에 익숙한 현대인들에게 길고 무겁게 서술된 책은 아무래도 바람직하지 않겠다는 생각이 들었다.

게다가 앞에서 본 대로 이 책은 원본 역할을 하는 책(『죽음의 미래』)이 있다. 따라서 이 책마저 장황하게 서술할 필요가 없다. 더 많은 정보가 필요한 독자는 『죽음의 미래』를 보면 된다.

그래서 이번 책은 그간 강의한 것을 바탕으로 일반 독자들이 가장 궁금해 하는 질문을 뽑아 그것에 답하는 형식으로 구성하였다. 그렇게 하면 각 주제마다 완결성이 있고 글도 길어지지 않을 터이니 무엇보다 읽는 사람들이 편할 것 같다.

그런데 이런 구성은 쓰는 이가 힘들어지는 법이다. 왜냐하면 아주 간단하게 핵심을 표현해야 하기 때문이다.

그래서 나는 각 주제에 관하여 내가 알고 있는 것을 머릿속에서 재구성하고 솎아내고 보완하기를 여러 차례 거듭했다. 해당 주제를 완전히 섭렵하지 않으면 이런 일은 시도하는 것조차 어렵다. 그러나 독자에게 가까이 가기 위해서는 이것이 최선의 방법이라고 생각했기에 굳이 이런 구성을 택했다.

이제 우리는 영계가 과연 존재하는지?, 즉 죽은 뒤에도 삶이 존재하는지 같은 가장 기초적이고 일반적이면서 대단히 중요한 질문부터 시작하고자 한다. 그다음 조금씩 심화된 질문으로 나아가게 된다.

I

죽음은 없다

칸트가 '우리의 삶에서 의미나 윤리가 가능하려면
사후생의 존재와 영혼 세계의 심판관이 요청된다.'고 주장한 것은 유명한 이야기이다.
이렇게 보면 사후의 삶은 현재의 삶의 유의미성의 근간이 되는 것을 알 수 있다.
그래서 삶과 죽음, 그리고 그 뒤의 세계는 항상 같이 가야 한다.

01

우리는
죽은 다음에도
존재하는가?

물론 세부적인 데서는 약간씩 차이가 있지만
사람이 몸을 벗으면 영체가 되어 영계로 가고,
때가 되면 다시 새로운 육신을 입고 온다는 사실을 모두가 증언하고 있는데,
이것들이 모두 환상에 불과하다는 것을 어떻게 증명할 수 있겠는가.

'인간은 죽은 후에도 존재하는가?' 하는 문제는 죽음과 관련해 가장 화급한 질문일 것이다. 그런데 사실 나는 '죽는다'라는 말을 쓰지 않는다. 의미가 정확하지 않기 때문이다. 대신 '몸을 벗는다'라는 표현을 주로 쓴다. 우리가 생을 마치는 것은 이번 생의 몸을 벗고 또 다른 몸을 취하는 것에 불과하기 때문이다.

이때 다른 몸이라는 것은 대부분 '영혼'이라고 불리는 몸을 말한다. 이 몸을 영혼(soul)이라고 해도 좋고, 퀴블러 로스(1926-2004)가 말한 것처럼 영체(psychic body)라고 해도 좋고, 임마뉴엘 스베덴보리(Emanuel Swedenborg, 1688-1772)가 말한 것처럼 영인(靈人)이라고 해도 좋다. 용어가 어찌 됐든 우리는 육신을 벗으면('죽으면') 이 몸으로 갈아입게 된다.

그런데 보통 사람들은 사후 세계의 존재를 아직 확신하지 못할 수도 있으니 이 질문에 대해 다시 한 번 확실히 답하는 게 좋겠다. 그 답이 어떠냐에 따라 우리 이야기가 앞으로 어떤 방향으로 나아갈지가 결정되기 때문이다.

'인간은 사후에도 존재하는가?'에 대한 답은 '그렇다'이다

다시 말해, 우리 인간은 죽은 다음에도 존재한다는 것이다.

그것도 아주 명료한 의식과 함께, 아니 육신을 갖고 있을 때보다 더 또렷한 의식을 갖고 '존재한다.'

이 점에 관해서는 적어도 이 책에서는 찬반 입장을 두고 논쟁하고 싶은 생각이 없다. 어차피 받아들이지 않으려 하는 사람들은 어떠한 증거를 들이대도 믿지 않을 것이기 때문이다. 사후생을 부정하는 이들은 많은 경우 사후생이라는 것이 영생하려는 인간의 헛된 욕망이 만들어 낸 소망이나 환상에 불과하다고 주장한다. 이런 사람들에게는 죽음학의 세계적 권위자였던 퀴블러 로스가 한 "어쨌든 당신들도 죽을 때가 되면 사후에도 (의식이) 존재한다는 것을 알게 될 것이다."라는 말로 응대를 마치고 싶다.

그럼 우리가 사후에 존재한다는 것을 어떻게 알 수 있을까? 사실 지구상의 모든 인간은 영혼의 상태로 영계에 있다가 이 지상에 나왔다. 따라서 자신이 사후에 존재한다는 것을 모두 알고 있다. 다만 현재는 잊고 있어 기억을 하지 못할 뿐이다(반대로 영계로 가면 그때에는 지상에서의 삶을 기억하지 못하는 듯하다). 그래서 역행최면을 걸어 보면 전생의 기억이 되살아나는 경우가 종종 있다. 그러나 보통 의식 상태에서는 이 사실을 알 수 없으니 다른 방법을 택해야 한다.

그런데 주변 정황을 보면 사후생을 안 믿는다는 게 오히려 이상할 정도이다. 그만큼 사후생이 존재한다는 징후가 많기 때문이다. 가장 유력한 증거는 종교 교리이다. 세계종교 가운데 영계를 부정하는 종교는 없지 않은가? 기독교나 이슬람교는 인간이 죽으면 영계에 간다고 명시적으로 주장하고, 불교나 힌두교는 한 걸음 더 나아가 아예 환생, 즉 윤회를 주장하고 있지 않은가? 물론 이 종교들에는 믿을 수 없거나 문제가 있는 교리들이 꽤 있다. 그러나 이 종교들이 한결같이 영들이 사는 영계를 긍정하고 있는데 이것을 전부 환상이라고 매도할 수 있을까?

그런가 하면 1970년대 중반부터 시작된 근사체험에 관한 연구도 유의해서 보아야 한다. 근사체험 연구가 중요한 건 이것이 인류 역사 최초로 사후의 삶에 대해 과학적으로 접근한 연구이기 때문이다. 이에 대해서는 졸저 『죽음, 또 하나의 세계』(동아시아, 2006)에서 다루었으니 궁금한 이는 그 책을 참고하면 된다. 그 책에서 다루는 내용은 이런 것이다.

근사체험자들은 체험 후에 한결같이 사후생을 굳게 믿게(알게) 되고 죽음을 전혀 두려워하지 않는다. 이들의 체험은 매우 값진 것이다. 일상적인 상황이나 실험실에서 행한 연구에서 얻은 결과가 아니라 지상 세계로 다시는 돌아오지 못할 수도 있는 경각의 위험 속에서 얻은 체험이기 때문이다. 근사체험은 이런 위급한 상황에서 나온 것이라는 점에서 더 신빙성이 있다. 근사체험자들처럼 생과 사의 경계를 넘나든 사람이 할 일이 없어 거짓말을 하겠냐는 것이다. 따라서 우리는 이들의 체험에서 배울 수 있는 교훈을 적극적으로 받아들여야 한다.

 그다음 증거로는 위의 책에서 열거한 신비가들의 가르침들을 들 수 있다. 다스칼로스(1912-1995)나 마르티누스는 대표적인 현대의 신비(적 종교)가들인데 이들 역시 한결같이 사후생의 존재를 설파했을 뿐만 아니라 환생 이론을 가르쳤다. 이들은 기독교인임에도 불구하고 현재의 기독교에서는 인정하지 않는 환생 이론을 적극적으로 주장했다. 이들의 주장을 믿을 수 있는 근거는 여러 가지가 있지만, 무엇보다 이들이 지극히 온전한 이성을 소유하고 있을 뿐만 아니라 큰 자비심을 갖고 있었다는 점을 들 수 있다. 이런 사람들이 허랑방탕한 설을 유포해 사람들을 현혹시킬 필요가 있을까? 게다가 이들은 돈이나 이성(여자)에 부도덕하게 연루된 모습도 전혀 보이지 않았다. 도덕적으로도 고결한 사람이었다는 것이다. 더구나 이들은 인류가 지닌 최고의 지혜를 가진 사람들이니 이들의 가르침이야말로 진실이 아니겠는가?

 그다음 근거로는 최근에 많은 연구가 이루어진 역행최면법으로 영계나 환생을 탐구하는 것을 들 수 있다. 이런 연구는 미국을 중심으로 전 세계의 수많은 곳에서 행해졌다. 국내에서는 이 방법이 거의 시행되지 않았는데, 필자가 최면 전문가인 엄영문 박사와 공동으로 수행한 것이 대표적인 사례이다. 그런데 이 연구들의 결과를 보면 하나같이 환생을 긍정한다. 긍정하는 정도에 그치는 것이 아니라 영계에 대한 자세한 정보까지 알려준다. 내가 『죽음의 미래』를 쓰면서 많이 참조한 것이 이러한 방법론에 의거한 책들이었다.

이 외에 인간이 사후에도 존재한다는 정보는 많지만 여기서 더 언급하지는 않겠다. 그래도 사후생을 받아들이지 않겠다는 사람은 이 많은 정보들이 소망이나 환상에 불과하다면 어떻게 이들이 모두 같은 이야기를 하고 있는지 설명해야 할 것이다.

물론 세부적인 데서는 약간씩 차이가 있지만 사람이 몸을 벗으면 영체가 되어 영계로 가고, 때가 되면 다시 새로운 육신을 입고 온다는 사실을 모두가 증언하고 있는데, 이것들이 모두 환상에 불과하다는 것을 어떻게 증명할 수 있겠는가. 게다가 이 정보들이 마구잡이식이 아니라 나름대로 논리정연하고 수미상관하게 정리되어 있는데 이것을 어떻게 부정할 수 있을까?

02

사후생은
우리에게
어떤 의미가 있는가?

사후 생존설을 받아들이라는 것은 영계에서의 복락을 위해 현재를 희생하라는 것이 아니다. 이 지상에서의 삶과 영계에서의 삶이 둘이 아님을 깨닫고 영계의 실상을 정확히 앎으로써 현재의 삶을 풍요롭게 하고 충실하게 하자는 데에 그 목적이 있다.

사후생은 우리에게 중요한 것일까? 중요하다면 어떤 면에서 그렇다고 할 수 있을까?

단도직입적으로 말해 만일 사후생이 없다면 우리의 현재 삶에 심대한 문제가 생긴다. 이 삶의 존재가치의 근거가 없어지기 때문이다. 사람들은 일상생활을 하면서 워낙 물질에 함몰되어 사후생에 대해 잘 생각하지 않지만 한 번만이라도 생각해 보면 이게 녹록치 않은 문제라는 것을 알 수 있다.

자, 한 번 죽으면 다 끝이라고 해 보자. 예를 들어 유학(성리학)에서는 인간이 죽으면 혼백 중에 백(육신)은 땅으로 가서 소멸되고 혼(영혼)은 공중으로 흩어져 없어져 버린다고 한다. 정말로 이렇게 된다면 현재 사는 삶의 의미를 어디에서 찾을 수 있을까? 내일 죽든, 30년 뒤에 죽든 어차피 죽으면 다 그만인데 지금의 삶에 무슨 의미가 있겠는가? 외려 이 힘든 삶 빨리 정리하고 사라지는 게 자신한테는 좋은 것 아닐까? 더 살아 봐야 각박한 세상에서 고생만 할 뿐 유익할 게 없는데 무엇 하려고 더 산다는 말인가? 그저 가장 고통 없는 자살의 방법을 찾아내 가능한 한 편안하게 죽으면 만사 해결되는 것 아닐까? 이렇게 하려고 할 때 유일하게 걸리는 것은 어떤 인연으로 만나게 됐는지 모르지만 내가 죽은 후에 남겨질 가족들이다. 가족을 두고 자살하는 것은 결코 바람직하지 않을 것이다.

　이렇게 사후생을 상정하지 않는 삶은 여러 가지 문제를 낳게 된다. 그러나 사람 중에는 '나는 사후생을 인정하지는 않지만 그래도 삶을 택해 자연 수명을 다하겠다.'고 하는 이가 있을 수 있다. 마치 스피노자가 '내일 지구가 멸망해도 오늘 나는 사과나무를 심겠다.' 고 한 것처럼 말이다. 사정이 그렇더라도 이 사람은 다시 '나는 이 삶을 어떻게 살 것인가.' 라는 문제에 부딪힐 수밖에 없다. 그런데 어차피 몇 년 살고 죽을 거라면 어떻게 살든 무슨 문제가 있겠는가? 이런 판국에 인간의 존엄을 지키고 도덕적으로 깨끗하게 산다는 게 무슨 의미가 있을까? 건강만 지키면서 남에 대해서는 일절 배려하지 않고 아무렇게나 산다고 해서 무슨 문제가 있겠는가? 그저 사리사욕 챙기면서 이 한 몸 편하게 살다가 때가 되어 죽으면 되지 않겠는가?

　이렇게 상정해 보는 것은 결코 내가 임의로 하는 것이 아니다. 내가 『죽음의 미래』에서도 인용했지만 이것은 칸트를 괴롭혔던 문제이기도 하다. 칸트가 '우리의 삶에서 의미나 윤리가 가능하려면 사후생의 존재와 영혼 세계의 심판관이 요청된다.' 고 주장한 것은 유명한 이야기이다. 이렇게 보면 사후의 삶은 현재의 삶의 유의미성의 근간이 되는 것을 알 수 있다. 그래서 삶과 죽음, 그리고 그 뒤의 세계는 항상 같이 가야 한다.

　칸트는 또한 인간이 도덕을 완성하기 위해서 한 번의 생애로는 부족하다고 설파한 것으로 알려져 있다. 하기야 세상에 이번 한 생애를

사는 것으로 도덕군자가 될 수 있는 사람이 얼마나 되겠는가. 그런데 우리 인간이 이 세상에 태어나서 온갖 실수만 하다가 도덕적으로나 인격적으로 거의 진전을 보지 못하고 죽는다면 이 얼마나 허망한 이야기인가?

유신론적인 입장에서 본다면 신이 자기의 창조물들이 이렇게 의미 없이 혹은 소득 없이 없어지는 것을 참아낼 수 있을까? 신은 그런 운명에 처한 영혼을 왜 창조했을까? 최령의 존재인 인간을 그런 일회적인 존재로 내버려 둔다는 것은 그것을 창조한 신에게도 문제가 있다고 할 수 있다.

사람이 죽으면 영혼이 없다고 믿는 것도 문제이지만, 이 영혼이 어디서 왔는가 하는 것을 설명하는 것도 쉬운 일이 아니다. 현 상태의 우리를 돌아보면, 인간은 의식이라는 것을 가지고 있다. 그래서 언어도 구사하고 계산도 하고 생각도 하고 사는 것이다. 의식이 없으면 인간은 생활 자체가 되지 않는다. 이 생각하는 능력을 영혼이라고 해도 틀린 것은 아니다(적어도 부분은 된다). 그런데 사후생을 부정하는 사람들은 우리가 죽으면 의식이 사라진다고 생각한다. 우리의 의식은 뇌라는 물질이 있어서 가능한 것이라고 믿기 때문이다.

거기까지는 그렇다 치자. 이런 상황을 받아들이더라도 우리는 또 다음과 같은 질문들을 던질 수 있다. '우리가 태어날 때 갖게 되는 그 의식은 어디 있다가 오는 것인가? 만일 이 의식이 어디서 오는 게 아니라면 우리의 몸, 그중에서도 뇌가 생기면 그 의식이 자동적으로 발생하는 것인가? 만일 그렇다면 뇌는 물질에 불과한데 어찌 의식이라는 고차원적인 공능을 배태할 수 있을까? 라는 질문도 가능하다. 이런 질문들은 어느 하나 답하기 쉬운 게 없다. 그러나 독자들의 이해를 돕기 위해 내 생각을 먼저 말하는 게 좋겠다. 나는 우리의 의식이 뇌라는 물질이 있은 다음에 생겨난 것이라고 생각하지 않는다. 오히려 그 반대이다. 의식이란 '이전부터' 계속해서 존재하다가 인간의 뇌가 생겨나면 그것을 매개로 물질계에서 활동하는 것이라는 것이 내 견해이다. 그러다 죽은 뒤에 영계로 들어가면 우리의 의식은 물질(뇌)의 도움 없이 원래대로 작동하게 된다.

지금 사람들이 사후생의 존재에 대해 자꾸 의심하는 것은 어설픈 과학 교육 탓이다. 과학은 눈에 보이지 않으면, 혹은 증명되지 않으면 진실이 아니라고, 혹은 무의미하다고 말한다. 그런데 과학은 물질계만 다루는 것이기 때문에 그것을 넘어서는 영역에 대해서는 왈가왈부하면 안 된다. 과학이 다루는 물질의 영역에서 가장 높은 차원에 있는 인간의 의식 혹은 영혼의 영역까지 가려면 몇 개의 차원을 거쳐야 한다. 따라서 과학은 의식이나 영혼의 차원에 대해서 자기만의 잣대로 함부로 언급하면 안 된다. 이것은 2차원이 4차원이나 5차원에 대해 말하면 안 되는 것과 같다. 2차원에서는 4, 5차원을 알고 싶어도 절대로 가능하지 않기 때문에 말할 수조차 없다.

사후 생존설과 사후 소멸설의 갈등은 흡사 지동설과 천동설의 갈등을 연상시킨다. 이 두 가지 설이 대두된 당시에 천동설이 대세였다. 그런데 대다수의 천동설 주장자들은 억지를 써 가며 지동설의 부당함을 역설하면서 끝까지 지동설을 받아들이지 않았다. 결과가 어떠했다는 것은 언급할 필요도 없다. 아무리 지지자가 많아도 천동설은 역사 속으로 사라졌으니 말이다. 사후 생존설의 경우도 그렇다. 앞으로 인류의 지혜가 더욱 향상되고 성숙되면 거짓말같이 인간은 사후에 영혼으로 존재한다는 주장을 상식으로 받아들일 것이다.

따라서 우리가 좀 더 현명해지고 싶다면 공연히 사후 생존설에 대해서 뻗대며 부정하지 말자. 그 대신 이 설을 기꺼이 받아들여 자신의 삶에 도움이 되게 하자. 사후 생존설을 받아들이라는 것은 영계에서의 복락을 위해 현재를 희생하라는 것이 아니다. 이 지상에서의 삶과 영계에서의 삶이 둘이 아님을 깨닫고 영계의 실상을 정확히 앎으로써 현재의 삶을 풍요롭게 하고 충실하게 하자는 데에 그 목적이 있다.

03

왜 우리는
영계에 대해서
알아야 할까?

사후 세계에 대해서 공부해 그곳이 어떻게 움직이는지를 알게 되면
지상에서의 삶이 바뀐다. 확실하게 알면 확실하게 바뀐다.
나중에 자세하게 언급하겠지만 우리의 삶에는 카르마,
즉 업보의 법칙이 추호도 빈틈없이 작용하고 있다.

앞에서 우리는 사후에도 영(혼)의 삶이 존속한다고 보아야 하는 이유와 그 사후생이 어떤 의미가 있는지 알았다. 그런 사전 지식을 염두에 두고 다음으로 생각해 보아야 할 질문은 왜 우리는 영계를 알아야 하느냐는 것이다. 영혼이나 영계를 이야기할 때 가장 많이 나오는 질문은 '살기도 바쁜데 왜 죽은 다음의 일까지 신경써야 하는가.' 와 같은 것이다. 그러면서 '죽는 건 그때 가서 생각해 보자.'고 한다. 그러나 단언하건대 그때 가면 늦는다. 죽을 때가 되면 경황이 없어 어떤 준비도 할 수 없게 된다. 그 전에 미리 준비해 놓아야 한다. 여기서 말하는 준비란 우리가 사후 세계에 가서 어떻게 존재하는가에 대해 학습하는 것을 말한다.

우리가 사후에 영계로 가면 그곳은 이 지상과는 다른 원리로 움직인다는 것을 알아야 한다. 그런데 사람들 대부분은 그런 사실을 모르고 아무 준비도 하지 않은 채 영계로 진입한다. 물론 그때 그곳에 가서 적응해 가면서 배워도 불가능한 것은 아니다. 대부분의 사람들은 그렇게 한다. 그러나 모든 일은 미리 준비하면 시행착오를 줄이고 그에 따른 고통도 줄일 수 있다. 충분히 할 수 있는데도 아무 준비 없이 그냥 부딪히는 것은 여러 면에서 낭비고 어리석은 일이다.

무엇보다 지금 세상은 과거와 달리 영계에 대해서 많은 진실이 알려져 있다. 영계에 대해 누구나 마음만 먹으면 알 수 있게 된 건 20세기 이후일 것이다. 그런 정보와 지식을 얻는 것도 우리가 지금 이 시대에 태어난 이유가 된다. 그렇지 않다면 이 시대에 태어난 보람이 없다. 과거에는 이런 지식을 알고 싶어도 접할 방법이 없었다. 그러나 지금은 지천에 깔린 게 이런 방면의 고급 지식이고, 게다가 아주 싼 값 혹은 공짜로 얻을 수 있다. 그런데도 여전히 물질에 함몰되어 헛된 것에 시간을 낭비한다면 이 시대에 태어나지 않은 것보다 못한 것이다.

사후의 삶을 준비하는 것은 어찌 보면 너무나도 당연한 일이다. 우리는 이미 항상 준비하면서 살고 있었기 때문이다. 예를 들어 해외여행을 갈라치면 사전에 책을 읽거나 인터넷을 뒤지면서 많은 준비를 한다. 외국은 환경이나 풍토가 매우 달라 그냥 가면 낭패를 볼 수 있기 때문이다. 그러나 주밀하게 준비해서 가면 그곳에서 알찬 시간을 보낼 수 있을 것이다.

사후 세계도 마찬가지이다. 그 세계는 이곳과는 매우 다른 원리로 움직이기 때문에 이곳에서 충분히 학습하고 가면 시행착오를 많이 줄일 수 있다. 해외를 갈 때에도 그렇게 면밀하게 준비하면서 해외여행과는 비교도 안 되게 중요한 사후 여행에 대해서 무관심하다는 게 말이 되는 소리인가? 그런데도 우리가 선뜻 내세를 인정하지 않는 것은 한국인이 젖어 있는 유교적인 세계관이나 물리적으로 증명할 수 있는 세계만 인정하는 과학적인 사고 방식에서 비롯된 선입견의

탓이 클 것이다.

그런데 이렇게 말해도 사람들은 귀담아 들으려 하지 않는다. 내가 항상 답답해 하는 것은, 지상에서는 영계에 대해 전혀 생각을 하지 않고 살다가 몸을 벗고 영계로 가면 또 지상에 대해 거의 생각을 하지 않는다는 것이다. 대부분의 사람들은 지상에 살 때에는 영계에 대한 기억이 나지 않으니 물질 세계에 파묻혀 이 세상만이 존재한다고 생각한다. 그래서 온갖 욕심을 부리고 사리사욕만 추구하며 살아간다. 영계에 대해 조금이라도 안다면 이 세상에서 이렇게 비본질적인 것에만 관심을 기울이며 살아갈 수가 없다.

그러다 영계에 올라가면 이번에는 그곳만이 실재한다고 생각하고 그냥 그곳에 적응해서 산다. 그래서 나는 왜 이렇게 사는지, 나는 누구인지, 혹은 지상에는 언제 가는지, 또 왜 가는지와 같은 중요한 질문을 다 잊고 산다. 다시 말해 그곳에서도 지상에서 살 때처럼 별 생각이 없이 그냥 그곳의 법칙에 따라 휘둘리면서 살게 된다. 그러다 시간이 되면 또 아무 준비 없이 다시 지상으로 내려오게 된다. 불교나 힌두교의 교설에 의하면 많은 영혼들이 이런 식으로 무의미하게 환생하는 일을 거듭하고 있다고 한다. 본인들도 이렇게 사는 게 고통스럽다는 것을 대강은 알고 있는데 무엇이 문제인지 모르니 개선의 방책을 마련하지 않고 그냥 이 세상과 영계를 하염없이 오가는 것이다. 우리는 그렇게 얼마를, 즉 몇 생을 거듭해서 살았는지 모른다. 흡사 다람쥐가 쳇바퀴 돌듯이 말이다.

그래도 여전히 이렇게 질문하는 사람이 있을 게다. '사후 문제는 그때 가서 부딪혀도 늦지 않을 텐데 왜 벌써부터 알아야 하는가.', '지금은 지상에서의 삶을 충실하게 하는 게 더 합당한 것 아니냐.'고 말이다. 이 말도 틀리지는 않지만 물질계와 영계는 둘이 아니라서 어느 하나만 알면 충분한 지혜를 갖출 수 없다. 두 세계를 제대로 알아야 우리의 삶이 온전해진다는 것이다.

사후 세계에 대해서 공부해 그곳이 어떻게 움직이는지를 알게 되면 지상에서의 삶이 바뀐다. 확실하게 알면 확실하게 바뀐다. 나중에 자세하게 언급하겠지만 우리의 삶에는 카르마, 즉 업보의 법칙이 추호도 빈틈없이 작용하고 있다. 모든 일에는 원인과 결과가 있다는 것이다. 그래서 자신에게 행복이 오든 불행이 닥치든 그것은 모두 자신이 행한 결과라는 것을 알아야 한다. 그 점을 바로 알면 다른 사람에게 절대로 나쁜 짓을 할 수 없을 뿐만 아니라 다른 사람을 돕는 것이나 자신에게도 유익한 삶의 방식이라는 것도 알게 된다. 그런데 이런 평범한 진리를 지상 세계의 삶에만 충실해서는 알기가 어렵다. 지상은 물질계이기 때문에 우리의 행위에 대한 결과가 돌아오는 시간이 너무 오래 걸린다. 반면 영계는 에너지 세계이기 때문에 그 반응 속도가 매우 빠르다. 그래서 금세 카르마가 돌아가는 사정을 알 수 있다.

그다음으로 우리는 카르마 법칙의 중심에 마음(의식)이 있다는 것을 깨달아야 하는데, 이것 역시 물질계에서는 알기 어렵다. 따라서 불교에서 말하는 '일체유심조(一切唯心造)'라는 교리, 즉 '모든 것은 우리 마음이 만들어 내는 것이다.'라는 교리는 아무리 이해하려 해도 쉽게 수긍되지 않는다. 그런데 영계로 가면 이 말이 진리라는 것을 곧 깨닫게 된다. 왜냐하면 영계에서는 어떤 생각을 하면 바로 그것이 내 앞에 나타나기 때문이다. 그래서 모든 것이 마음에서 비롯된다는 것을 절감하게 되고, 마음을 먹는 일이 얼마나 중요한지 알게 된다. 그렇게 되면 선한 생각을 갖고 지혜를 닦는 일이 참으로 소중하다는 것도 확실하게 알게 될 것이다. 이 문제는 가장 중요한 것이라 나중에 상세하게 다룬다.

04

죽음이
정말로
고통스러울까?

내가 지금까지 들었던 비유 중에 가장 마음에 와 닿는 것은
잠수복의 비유였다. 육신을 벗는다는 것은 잠수복을 벗는 것과 같다는 것이다.
우리가 육중한 잠수복을 입고 물속을 다니다 물으로 나와 잠수복을 벗으면
그 기분이 어떻겠는가? 그 상쾌함이나 가벼움을 어떤 말로 표현할 수 있을까?

인간은 누구나 죽음을 두려워한다. 죽음에 대한 두려움은 어떤 두려움보다 크다. 이것은 겪어 본 사람이면 다 안다. 영화를 보면, 권총을 머리에 겨누고 있는데도 할 말 다하면서 처신하는 사람이 나오곤 한다. 그런데 과연 인간이 실제로도 그럴 수 있을까? 이제 몇 초 뒤면 총알이 관자놀이를 뚫고 들어와 내가 즉사할 터인데 과연 영화에서처럼 그렇게 당당할 수 있을까? 그보다는 두려움에 자율신경계가 마비돼 오줌을 싸는 게 정상적인 반응 아닐까? 이것은 산에서 호랑이 같은 맹수를 만난 사람들의 증언을 통해 능히 알 수 있다. 맹수를 만나면 몸이 얼어붙어 꼼짝 못하게 되고 자율신경이 마비되어 자동적으로 똥오줌을 싸는 게 보통의 현상이다.

이런 모습들은 종종 영화에서 묘사되기도 했다. 예를 들어 스필버그 감독이 만든 〈라이언 일병 구하기〉라는 영화 앞부분에서 육지 상륙을 1~2분 앞둔 병사들의 반응이 그랬다. 영화는 자신의 죽음을 예감하고 오줌을 싸거나 구역질을 하는 병사들의 공포에 질린 모습을 생생하게 묘사했다. 한번 생각해 보라. 몇 분 뒤면 마지막으로 나를 보호하고 있는 수륙양용차의 문이 열린다. 그러면 문자 그대로 빗발치듯 쏟아지는 총탄을 무릅쓰고 적진으로 달려야 하는데 그때는 내가 언제 적의 총알에 맞을지 모른다. 실제로 수륙양용차의 문이 열리

자마자 옆의 동료들이 총알을 맞고 픽픽 쓰러져 간다. 그때부터는 제정신이 아니고 그저 앞만 보고 돌진이다. 이처럼 실제 전장에서는 죽음 앞에서 겪는 엄청난 공포 때문에 특히 신병들이 미쳐 버린다고 하지 않는가? 이런 예는 얼마든지 더 들 수 있지만 이 정도만 해도 눈 밝은 독자들은 무슨 이야기를 하려고 하는지 알 것이다.

우리는 이렇게 죽음이 두려워 죽겠는데 신비사상가들이 전하는 죽음의 실상은 전혀 그렇지 않다. 이들이 죽음에 대해 늘어놓는 찬사는 믿을 수 없는 것뿐이다. '죽음은 신이 인류에게 내린 최고의 선물'이라든가 '죽음처럼 달콤한 키스는 없다.' 라든가 하는 말이 그것이다. 같은 어조로 이슬람 최고의 신비가였던 루미(Jalaluddin M. Rumi, 1207~1273)는 '죽음은 감미로운 것이며 영원을 향한 여행'이라 했다. 그런데 죽음에 대한 이런 찬사는 신비사상가들만 하는 것이 아니다. 우리가 죽음 연구를 할 때 많은 시사점을 주는 근사체험자들의 입에서도 같은 이야기가 나오기 때문이다.

이들은 극도로 절박한 위기 상황에서 죽음을 맞이하게 되는데 처음에는 그 다급함이나 처절함에 경황이 없다. 물론 엄청난 고통이 따르기도 한다. 그러나 그것은 짧은 순간에 그치고 곧 말할 수 없이 편안한 상태가 된다. 이 편안함은 생전에는 느껴보지 못한 지극히 안온한 감정이다. 나는 이런 이야기를 실제로 근사체험을 한 사람에게 들은 적이 있다. 이 사람은 방송국 PD였는데 헬리콥터를 타고 한강에서 드라마를 촬영하다 사고로 물에 빠졌다. 비행기가 물에 잠기면서 내부에 물이 가득 차게 되고 그는 물을 많이 먹어 매우 괴로웠다. 죽음이 목전에 다가왔다. 그러나 곧 마음이 말할 수 없이 편안해지면서 담담해지더란다. 그러다가 바로 옆에 창문이 있는 것을 발견하고 그는 그것을 깨고 탈출에 성공했다(주연 남자배우를 포함해 같이 있었던 6명은 모두 사망했다고 한다).

유럽에서 근사체험을 연구한 학자 알버트 하임(Albert Heim, 1849~1937)에게서도 비슷한 증언을 들을 수 있다. 그는 산에서 실족해서 조난당한 사람을 예로 들었다. 산을 오르던 사람이 실수로 산에서 미끄러지면서 추락하면 그 광경을 목격한 동료들은 놀란 나머지 소리를 지르는 등 경악을 금치 못하게 된다. 동료가 죽게 되니 그것은 당연한 반응이겠다. 그런데 정작 사고를 당한 사람은 아주 편안한 상태에서 사고가 진행되는 것을 겪는다고 한다. 물론 실족을 해서 떨어지기 시작할 때에는 크게 놀라지만 목숨이 결정적으로 위태로워지는 아주 위중한 상태가 되면 금세 체념이 되면서 위에서 본 것 같은 편안한 상태가 된다고 한다.

이 현상은 생리학적으로도 설명할 수 있을 것이다. 영혼이 육체를 벗어나기 직전이 되면 다량의 호르몬이 나온다고 한다. 이 호르몬은 뇌에서 나오는 엔도르핀으로서 모르핀처럼 마약 성분이 강해 진통 효과가 뛰어나다고 한다. 우리가 몸을 벗기 직전에 이 호르몬이 나오는 것은 우리로 하여금 죽는 순간 고통을 느끼지 못하게 해 좀 더 안정된 상태에서 죽음을 맞이하게 하는 자연의 배려로 생각된다.

그런데 많은 경우 노환으로 죽든 사고로 죽든 마지막에는 많은 육체적 고통을 겪는다. 그런 고통을 겪으면 영혼이 육신을 벗어날 때 좋지 않은 상태가 될 것이 뻔하다. 그런데 영계에서의 첫 번째 상태는 이 세상에서 죽기 직전의 상태가 그대로 반영되므로, 어떤 상태에서 죽음을 맞이하느냐가 매우 중요하다.

특히 근사체험자들의 증언을 종합해 보면 이 영계에서의 첫 번째 상태는 육신의 마지막 상태의 연장이라는 것이다. 그렇게 보면 우리가 몸을 벗을 때 어떤 상태였는지가 매우 중요하다. 그래서 진즉에 붓다나 원불교의 교주인 소태산은 지상에서의 마지막 일념이 중요하다고 설파했다. 죽음 직전에 엔도르핀이 뇌에서 나오는 것은 이 마지막 일념을 편안하게 갖게 하기 위한 것으로 보인다. 다시 말해 영계를 들어설 때 좋은 마음으로 들어서야 제 갈 길을 제대로 갈 수 있는 법이다. 굳이 영계를 언급하지 않더라도 무슨 일을 하든 첫 번째 상태는 중요한 것 아니겠는가?

이런 점에서 사후생에 대한 믿음을 갖고 죽음에 대한 두려움을 떨쳐 버리는 것은 대단히 중요하다. 중요할 뿐만 아니라 흔쾌히 맞이할 만한 가치가 있다고까지 말할 수 있다. 죽음을 맞이해 몸을 벗는 일이 얼마나 홀가분한 것인가를 더 쉽게 이해하기 위해 예를 들어보자. 내가 지금까지 들었던 비유 중에 가장 마음에 와 닿는 것은 잠수복의 비유였다. 육신을 벗는다는 것은 잠수복을 벗는 것과 같다는 것이다. 우리가 육중한 잠수복을 입고 물속을 다니다 뭍으로 나와 잠수복을 벗으면 그 기분이 어떻겠는가? 그 상쾌함이나 가벼움을 어떤 말로 표현할 수 있을까? 잠수복도 스킨스쿠버들이 입는 날렵한 것 말고 잠수부가 입는 우주복처럼 생긴 것을 생각해 보자. 이 잠수복을 입고 물에 들어갈 때에는 산소 탱크를 따로 가져가는 것이 아니라 배에서 연결되어 있는 호스를 통해 숨을 쉴 수 있을 뿐이다. 이런 잠수복을 입고 물속으로 들어가면 수영할 수는 없고 물속을 걸어만 다닐 수 있을 뿐이다. 그야말로 어기적거리면서 다닐 수밖에 없기 때문에 행동에 상당한 제약을 받는다. 그렇게 있다가 배 위로 올라와 잠수복을 벗으면 그 행동의 자유로움이 어떻겠는가. 게다가 상쾌한 공기는 한결 마음을 가볍게 해 줄 것이다.

이런 시각으로 본다면 친지나 지인의 임종 침상에서 정작 서글퍼야 할 사람은 유족들이 아니라 임종 당사자일 수도 있을 것이다. 그렇지 않겠는가? 자신은 이 거추장스러운 옷을 벗고 자유로운 영혼 상태로 가는데 유족들은 아직도 육신이라는 '무겁디 무거운' 옷을 입고 몇십 년을 더 살며 고생해야 하니 말이다. 이런 면에서는 육신을 떠나는 분을 축복해 주어도 좋겠다. 이것도 사랑하는 사람을 잃는 슬픔을 극복할 수 있는 방법이 될 수 있다. 그러나 앞으로 다른 인연으로 또 만난다 하더라도 잠시 동안이나마 이별을 해야 하니 슬픈 것은 어쩔 수 없는 일인지도 모른다.

05

육신을 벗을 때 어떤 일이 일어날까?

이런 시각에서 죽음이라는 사건을 다시 한 번 간략하게 정의해 보자.
죽음이란 영혼이 육체에서 분리되는 사건인데 이런 일은 육신이 너무도
쇠해서 더 이상 영혼을 담을 수 없을 때가 되면 어김없이 일어난다.
따라서 이것을 매우 자연스러운 사건으로 받아들이는 게 좋다.
다른 식으로 죽음을 표현해 보면, 그동안 뇌를 매개체로 해서 몸과 관계를
가졌던 영혼이 이제 몸을 떠나는 것이다.

이번에는 임종 직전에 어떤 일이 벌어지는가를 살펴보자. 여기서는 영적인 면에 대해서만 살펴볼 것이다. 육신에 일어나는 변화는 이전 책인 『임종 준비』에서 이미 다루었다.

당사자는 이제 곧 영혼의 영역으로 들어가게 된다. 이때 실질적인 임종이 며칠 남지 않게 되면 당사자는 생전에는 볼 수 없었던 영혼들을 보는 경우가 있다. 또는 굉장히 환한 빛을 보는 경우도 있다. 그래서 이 경우 옆에 있는 가족들에게 왜 불을 켜 놓았냐고 물어보기도 하는데, 이 빛은 물론 물질적인 빛은 아니고 영계로 가는 관문에 해당한다. 이에 대해서는 이미 근사체험자들이 증언한 바가 많다. 영혼이 몸을 빠져나오면 먼 곳에 있는 아주 밝은 빛 쪽으로 굉장히 빠른 속도로 움직여 갔다고 하는 게 그것이다.

이 빛에 대해서는 미국의 인기 드라마 〈고스트 위스퍼러〉의 주인공인 윈코우스키도 증언한다. 이 사람은 갓 죽은 사람들의 영혼을 볼 수 있는 능력을 지닌 사람으로, 영계로 가지 않고 방황하는 영혼들을 영계로 안내하는 역할을 한다. 나중에 다시 나오지만 불의의 사고를 당해 죽은 사람들은 자신이 죽었다는 사실을 알지 못하고 계속해서 헤매는 경우가 많다. 윈코우스키는 이런 영혼들의 한을 풀어 영계로 보내준다. 그때 그는 빛의 문 같은 것을 만들어 해당 영혼을 그 안으로 인도하여 영계로 가게 해 준다. 여기서도 빛이 영계의 현관을 상징한다는 것을 알 수 있다.*

만일 이 빛이 존재한다는 것을 알고 있다면 임종하는 사람을 실제로 도울 수 있다. 다음은 실화로서 어떤 원불교 성직자(교무)에게서 들은 이야기이다. 이 사람은 아버지의 임종을 지키고 있었는데 그 아버지는 이승에 집착이 많아 몸을 못 떠나고 있었다. 그렇게 되면 본인이 힘든 법이다. 가야 할 영혼이 못 떠나면 이것도 일종의 막힘 현상이니 좋을 게 없겠다. 그래서 그 교무는 "아버지, 저기 앞에 빛이 보이시죠? 아무 걱정 말고 그 빛을 따라가세요."라고 했다. 그러자 그분의 아버지의 영혼은 곧 편안하게 몸을 벗어났다고 한다. 임종 직전에 일어나는 현상에 대한 올바른 지식이 한 사람의 마지막을 평안하게 한 것이다.

그다음에 나타나는 것은 '탈 것'이다. 이것은 호스피스를 하는 간호사들로부터 들은 증언인데, 임종이 얼마 안 남은 환자들이 간혹 마차나 자동차 같은 탈 것을 보았다는 이야기를 하는 경우가 있다고 한다. 그런데 그런 말을 한 환자는 어김없이 며칠 뒤에 세상을 떠난다고 한다. 이것은 그 탈 것을 타고 이승을 떠난다는 것을 상징적으로 나타낸 것이다. 환자들이 무의식적으로 자신의 임종을 알고 그것을

---

* 이에 대한 자세한 내용은 다음의 내용을 참고할 것.
  매리 앤 윈코우스키, 김성진 역, 『어스바운드』, 900, 2011.

탈 것으로 외현화하여 스스로에게 암시하는 것이다. 같은 경험을 한 역사적인 인물로 소파 방정환 선생이 있다. 그는 임종하기 며칠 전에까만 마차가 와서 기다리고 있다고 증언했다.

그런가 하면 먼저 영계로 간 친지가 나타나는 경우도 많다. 이때 가장 많이 나타나는 영혼은 이미 타계한 부모이다. 마중을 나온 것이다. 만일 임종을 앞둔 친지가 타계한 부모의 모습이 보인다고 하면 그것은 임종이 며칠밖에 안 남았다는 것을 뜻한다. 부모의 영이 보인다는 것은 이제 그 사람이 이승의 질서보다는 영계 쪽의 질서에 가까워진 때문이다. 보통 사람들은 일상 속에서 결코 다른 영혼을 볼 수 없다. 그러나 어떤 사람은 이미 타계한 부모의 영혼과 대화를 하는 경우도 있다. 그래서 옆에서 보면 허공에 대고 이야기하는 것처럼 보인다(이것은 영적으로 아주 높은 사람들만 가능하다).

그다음에 단골로 등장하는 것은 이른바 안내령으로 불리는 영들이다. 그들은 새로 영계로 진입하는 영들을 안내하기 위해 온다. 그들은 임종을 앞둔 이가 지상에서 알던 영혼들이 아닌 경우가 많다. 그러나 매우 친숙해서 금세 그들이 안내령인지 알아본다. 어떤 경우에는 안내령이 어렸을 때 같이 있었던 상상 속의 친구인 경우도 있다. 어떤 사람들은 5~6살 이전에 자신만이 볼 수 있는 (영적인) 친구를 두는 경우가 있는데 이들이 수호령(혹은 안내령)일 확률이 높다. 이 안내령에 대해 스베덴보리는 '천사'라고 표현하기도 했다. 그에 따르면 임종이 가까워오면 그 사람의 수준에 맞는 천사들이 와서 침상 옆에서 임종을 앞둔 사람을 데려가려고 기다린다고 한다.

그러나 수호령이든 안내령이든 아무도 마중 나오지 않는 경우도 많은 모양이다. 필자가 행한 전생 역행최면 실험에서 피최면자 역할을 한 제자의 경우를 보면, 그는 이런 안내령에 대해 전혀 언급이 없었다. 대신 지상에 남기고 온 자식 걱정 때문에 곧바로 영계에 가지 못하고 지상의 집 근처를 배회했다는 술회만 나온다. 그렇게 약 두 달 정도 있다 보니까 지상에 대한 관심이 사라져 그제야 영계로 향했다고 한다. 그리고 그곳에 가서야 비로소 아버지 영을 만났다고 했다. 실제로는 이 같은 경우가 더 많을 것 같다. 임종 때 수호령을 만나 거룩하게 바로 영계에 진입하는 것이 아니라 집착 때문에 지상을 배회하면서 못 떠나는 것이 영적으로 충분히 진화하지 못한 우리의 모습일 것이다.

이런 시각에서 죽음이라는 사건을 다시 한 번 간략하게 정의해 보자. 죽음이란 영혼이 육체에서 분리되는 사건인데 이런 일은 육신이 너무도 쇠해서 더 이상 영혼을 담을 수 없을 때가 되면 어김없이 일어난다. 따라서 이것을 매우 자연스러운 사건으로 받아들이는 게 좋다. 다른 식으로 죽음을 표현해 보면, 그동안 뇌를 매개체로 해서 몸과 관계를 가졌던 영혼이 이제 몸을 떠나는 것이다.

I

영계는
어떤 곳인가?

영계는 에너지의 공간이기 때문에 물리적인 공간으로 이해하면 안 된다.
물질계와 영계는 차원이 다르기 때문에 서로를 연장선상에서 보는 것은 맞지 않다.
그런데 굳이 말한다면 물질계는 영계보다 차원이 낮기 때문에
차원이 높은 영계가 차원이 낮은 물질계를 감싸고 있다고 할 수 있다.

06

영혼이란 무엇인가?

이른바 업보저장설이다.
우리가 행하는 모든 행동, 말, 생각은 그대로 원인체에 저장된다는 것이다.
그런데 놀랍게도 현생이나 직전 생에 행한 것만 저장되는 것이 아니라
언제부터인지 모를 수많은 전생 동안 행한 모든 것이 저장되어 있다고 한다.

이제 몸을 벗어나면 죽은 사람은 육체와는 다른 몸인 영체(혹은 영혼)로 살게 된다. 영체는 어떤 이름으로 불리건 상관없다. 단지 물질이 아니라 에너지로 구성되어 있다는 것만 알면 된다. 영체는 자기의식(self-consciousness)을 갖고 있어 모든 것을 인지할 수 있을 뿐만 아니라 감각도 살아 있다. 육신의 형태처럼 나타나고 싶으면 그렇게 할 수도 있다. 이 때문에 스베덴보리는 영혼이 육신과 같은 형태를 취한다고 해서 영인(靈人), 즉 영의 사람이라고 불렀다.

유물론자들은 인간의 의식이 뇌라는 물질이 있을 때만 작동하는 것이라고 생각한다. 이들은 전말을 거꾸로 생각하고 있지만 나는 이와 관련한 소모적인 논쟁을 지면에서 장황하게 전개하고 싶지 않다. 결론적으로 뇌가 있기에 인간이 생각할 수 있는 게 아니라 먼저 영체의 의식이 있고 그것이 뇌를 매개체로 물질계와 교통하는 것이다. 다시 말해 의식은 뇌라는 물질보다 선행한다는 것이다. 뇌는 의식이 깃들지 않으면 그저 물질에 불과하지만 의식은 뇌가 없어도 작동할 수 있다.

이쯤에서 인간의 다양한 몸에 대해 간단하게 설명해 보자. 이 설명은 고대 힌두교에서 밝힌 것으로, 간단하면서도 명료하다. 힌두교 이후에도 몸에 대한 설명들이 많이 나오지만 그것들은 이것을 더 상세하게 한 것에 불과하기 때문에 이것만 잘 알면 된다. 우리는 물질계에 살고 있어 육체(physical body)만이 존재한다고 생각하기 쉽지만, 힌두교에 따르면 육체를 둘러싸고 두 개의 몸이 더 있다. 그러니까 우리는 세 개의 몸을 갖고 있는 것이다. 육체의 상위 개념으로 이른바 미세체(subtle body)와 원인체(causal body)라는 두 가지 몸이 더 있다. 이 두 몸이 모두 영체라고도 할 수 있지만 정확하게 말하면 원인체만이 영체에 해당한다.

우리의 몸은 어떻게 세분화하는가에 따라 네 개의 몸도 되고 일곱 개의 몸도 되고 더 많은 몸도 될 수 있다. 예를 들어 신지학회(神智學會) 같은 곳에서는 이 몸들을 아스트랄체(The astral body)니 멘탈체(The mental body)니 하는 이름으로 부르면서 세분화하였다. 이 가운데 우리가 일곱 개의 몸을 가졌다는 이론은 재미있다. 조지 미크는 자신의 책 『After We Die, What Then?』*에서 우리의 몸이 일곱 개 있다고 주장했다. 그는 인도 사상에서 말하는 일곱 개의 차크라(chakra)를 염두에 두고 말했을 것이다. 인도에서는 우리의 몸에 성기가 있는 부분부터 머리의 끝부분(정수리)까지 일곱 개의 중심이 있어 우주의 기운과 교감한다고 주장한다. 이 일곱 개의 중심이 바로 차크라다. 이것을

---

* 이 책은 『삶 뒤에는』 혹은 『죽음 뒤의 삶』 등의 제목으로 번역 출간되었지만 모두 절판되어 지금은 시중에서 구할 수 없다.

무지개와 비교해 보면 재미있다. 무지개를 구성하는 빛도 일곱 개의 색깔을 갖고 있지 않는가? 하지만 프리즘을 통과하기 전의 빛의 원질은 하나이다. 그와 같이 우리의 몸은 하나이면서 여럿일 수 있다는 것이다.

다시 힌두교의 몸 이론으로 돌아가자. 육체를 가장 가깝게 둘러싸고 있는 몸이 미세체이다. 이 미세체는 육신을 30cm쯤 위(혹은 밖)에서 덮고 있는데 우리가 육신을 벗은 이후(사망)에도 얼마간 존재하다가 결국은 없어진다. 그리고 또 알아 두어야 할 것은 우리 육신 때문에 미세체가 만들어지는 게 아니라 그 반대로 미세체 때문에 제각각 다른 육신이 형성된다는 것이다. 우리는 모두 다른 육신을 갖고 있다. 같은 부모 밑에 태어난 자식들도 모두 다른 몸을 갖고 있지 않은가? 이것은 우리가 각기 다른 미세체를 갖고 있기 때문이다.

미세체에는 이번 생에 갖게 될 몸이 이미 프로그램되어 있다. 사실 이 프로그램은 원인체에 있다고 하는 것이 맞을 터인데 원인체는 미세체를 매개로 해서 육신을 만들어 내니 미세체에 이 프로그램이 있다고 해도 틀린 것은 아니다. 그리고 사후에 영계에 들어가지 않고 지상을 배회하는 영이 적지 않은데, 이 영들은 전생의 육신과 똑같은 몸을 하고 다니기 때문에 그들의 몸이 바로 미세체라고 볼 수 있다.

그러다 사후 얼마의 시간이 지나면 미세체는 사라지고 원인체만 남는다. 영계로 진입하는 것은 바로 이 몸이다. 그래서 이것을 영혼이라고 불러야 한다고 말한 것이다. 그러면 원인체의 속성은 무엇일까? 단도직입적으로 말해 이것은 에너지 덩어리라고 할 수 있다. 이른바 에너지체이다. 한자로 표현하면 기(氣)라고 할 수 있다. 그런데 영체는 그냥 에너지이기만 한 것이 아니라 의식하는 기능도 있다. 달리 말해서 생각을 생성하는 에너지체라는 것이다. 그런 면에서 의식체(The conscious body)라고 불러도 좋겠다.

거기에다 원인체에는 말할 수 없이 놀라운 능력이 있어 우리를 경악케 한다. 물론 이 이야기는 새로운 것이 아니라 인도 종교에서 벌써 수천 년 전부터 가르쳐 왔다. 이른바 업보저장설이다. 우리가 행하는 모든 행동, 말, 생각은 그대로 원인체에 저장된다는 것이다. 그런데 놀랍게도 현생이나 직전 생에 행한 것만 저장되는 것이 아니라 언제부터인지 모를 수많은 전생 동안 행한 모든 것이 저장되어 있다고 한다.

우리는 언제 '나'라는 개체가 생겨나 끝없는 환생을 거듭했는지 알 수 없다. 이것은 우리의 평상 의식으로는 절대 알 수 없는 것으로 매우 다가가기 힘든 정보라 할 수 있다. 약 200만~300만 년 전에 인류가 처음으로 생겨나서부터 환생을 지속했다면 적어도 그 이후의 모든 정보가 들어 있을 것이다.* 이에 대한 자세한 설명은 별도의 기회

---

* 어떤 연구에 의하면 인간의 총체적인 의식 안에는 이 정도가 아니라 바다에서 생명이 생겨났을 때부터 지금까지의 모든 기억이 저장되어 있다고 한다. 역행최면을 할 때 어떤 내담자는 자신이 파충류이었을 때를 기억한다고 토로한 적이 있다.

를 마련해야 하므로 우선은 여기서 마무리하자.

어떻든 모든 행위와 생각이 저장되어 있다고 하니 도대체 원인체에 담을 수 있는 용량이 얼마나 되는지 가늠할 수 없다. 아마 무한이라고 해야 하지 않을까? 그렇게 저장되어 있는 수많은 정보들은 때가 되면 발현되어 그에 맞는 결과를 만들어 낸다. 이것이 이른바 인과응보론이다. 이 이론만 잘 알고 있다면 결코 남을 해치는 일을 할 수 없을 것이다. 또 아무도 모르게 나쁜 짓을 하는 일도 결코 없을 것이다. 왜냐하면 현실 세계의 다른 누가 알든 모르든 그 행위는 고스란히 원인체에 저장되어 언제가 될지 모르는 발현의 기회에 나에게 그 결과가 돌아오기 때문이다.

07

영계는
어떻게
구성되어 있을까?

지금까지 거론된 수많은 영계에 대한 설명을 간단하게 정리해 보면,
영계는 1차 영역과 2차 영역, 두 개의 영역으로 되어 있다고 이해할 수 있다.
1차 영역은 우리가 영혼이 되어 도달하는 첫 번째 영역으로,
일종의 준비 단계라 할 수 있다. 여기서 하는 일 가운데 가장 대표적인 것은
직전의 전생을 정리하는 것이다.

영계에 대해 본격적으로 이야기하기 전에 우선 영계가 어떻게 생겼는지 알아볼 필요가 있다. 이것은 어떤 지역에 처음으로 여행가게 될 때 그곳에 대한 전체 지도를 펼쳐보는 것과 같다. 그래야 자신이 어디에서 어디로 가는지 그 전체 흐름을 알고 새로운 곳을 갈 때 생기는 시행착오를 줄일 수 있을 것이다.

그런데 지금까지 사람들이 영계에 대해 밝혀 놓은 것을 보면 말하는 이마다 제각각인 것을 알 수 있다. 영계는 각자의 의식에 따라 그에 맞게 펼쳐지니 사람마다 다르게 보일 수 있다. 게다가 각 종교마다, 각 문화권마다 이야기하는 것이 다를 터이니 처음 영계에 대한 설명을 접한 사람은 어리둥절할 것이다. 도대체 어떤 설명이 맞는 것인지 알 수 없기 때문이다. 예를 들어 불교에서는 '이 우주가 33천으로 구성되었다.'는 식으로 아주 복잡한 세계를 설파하고 있어 일반인들은 물론이고 승려들도 혼란스러워 하는 경우가 많다.

그런가 하면 기독교는 유대교의 영향을 받아 하늘이 3층으로 되어 있다고 주장한다. 이것은 기독교 신약 경전 중 『고린도 후서』에 나오는 바울의 체험에서도 나온다. 그가 탈혼해 3층의 하늘(3층천)에 갔다 왔다는 것이다.* 이것은 아마도 바울의 근사(임사)체험을 말하는 것 같다. 이 영향으로 생각되는데, 개신교 최고의 신비가인 스베덴보리는 천국(천계)도 3층으로 되어 있고 지옥(하계)도 3층으로 되어 있다고 주장했다. 이 외에도 앞에서 잠깐 언급했던 다스칼로스나 마르티누스 역시 각기 층수는 다르지만 영계가 여러 개의 층으로 이루어져 있다고 주장했다.

이렇게 다양한 설 때문에 사람들이 어리둥절해 하지만 영계와 관련해 사람들이 가장 잘못 생각하는 게 하나 있다. 그것은 영계가 하늘 저 높은 곳 어딘가에 있다고 믿는 것이다. 그래서 사람들은 먼저 타계한 부모나 배우자, 혹은 자식을 생각할 때 하늘 높은 곳을 쳐다보며 그리워한다. 물론 영계의 존재를 믿지 않는 것도 잘못된 생각이지만 영계가 물리적인 공간처럼 존재한다는 생각도 큰 오해이다.

영계의 존재를 믿는 사람들도 높은 곳에 있는 영계일수록 착한 일을 많이 하고 영성이 높은 사람들이 가는 곳이라고 생각한다(혹은 천사들이 그곳에서 산다고 생각한다). 그 때문에 그곳은 아주 밝을 거라고 생각하기 쉬운데 실제로 하늘(우주)에 올라가 보면 푸른색은 사라지고 검은 색깔만 남으니 밝음과는 아무 상관이 없다는 것을 알 수 있다. 마찬가지로 어떤 사람들은 지옥이 땅 밑에 있다고 생각한다. 그곳은 음산하고 어두우며 유황불 같은 것이 타오른다든지 반대로 아주 추울

---

* 처음에는 자신이 간 것이 아니고 아는 사람이 3층천에 갔다 온 것처럼 이야기하고 있지만 이 이야기 후반부에는 자기가 갔다 온 것으로 바뀐다. 추정컨대 바울의 이 이야기는 아마도 그가 다메섹을 가다 눈이 먼 체험을 말하는 것 같다.

거라고 생각한다. 모두 땅 밑에 있다고 생각하기 때문이다.

이 모든 것은 영계를 지상의 물질적 개념으로 이해하기 때문에 생기는 잘못된 생각이다. 영계는 에너지의 공간이기 때문에 물리적인 공간으로 이해하면 안 된다. 물질계와 영계는 차원이 다르기 때문에 서로를 연장선상에서 보는 것은 맞지 않다. 그런데 굳이 말한다면 물질계는 영계보다 차원이 낮기 때문에 차원이 높은 영계가 차원이 낮은 물질계를 감싸고 있다고 할 수 있다. 따라서 쌍방통행은 되지 않고 일방통행만 가능하다. 차원이 높은 영계에서는 물질계를 관찰하고 교통할 수 있지만 그 반대는 되지 않는다는 것이다. 그래서 근사체험자들은 육신을 빠져나와 영혼의 상태가 되었을 때 물질계를 다 볼 수 있었지만 육신을 가진 물질계의 사람들은 그들의 영을 보지 못했던 것이다(물론 극소수의 예외도 있다).

지금까지 거론된 수많은 영계에 대한 설명을 간단하게 정리해 보면, 영계는 1차 영역과 2차 영역, 두 개의 영역으로 되어 있다고 이해할 수 있다. 1차 영역은 우리가 영혼이 되어 도달하는 첫 번째 영역으로, 일종의 준비 단계라 할 수 있다. 여기서 하는 일 가운데 가장 대표적인 것은 직전의 전생을 정리하는 것이다. 우리가 공부할 때 가장 중요한 것은 복습이다. 물론 예습도 필요하지만 복습을 하지 않으면 자기 것이 되지 않기 때문이다. 이 영역에서는 이 세상에 살면서 행한 수많은 일들을 복습한다고 보면 되겠다.

여기에서 복습만 하는 것은 아니고 치유나 휴식도 같이 하게 된다.

물질계에서의 삶은 여간 힘든 것이 아니다. 그래서 지상에서 어떤 일을 했던 관계없이 일단 쉬어야 한다. 그리고 영혼에 따라 다르지만 특별한 치유를 받는 경우도 있다. 예를 들어 (심적으로) 상처를 너무 많이 받은 영은 특별한 위로가 필요하지 않겠는가? 이에 관한 세세한 것은 나중에 다시 다룰 것이다.

그러나 이 영역은 영원히 머무르는 곳이 아니다. 이곳은 중간 단계라 할 수 있다. 굳이 비유한다면 천주교에서 말하는 연옥(煉獄)이라고 이해해도 좋을 것이다. 이곳에서의 일이 끝나면 2차 영역으로 향한다. 진정한 영계는 바로 2차 영역이다. 이곳은 자신이 직전 생에 태어나기 전에, 다시 말해 지상으로 내려오기 전에 머무르던 곳이다. 이곳을 이해하기 쉽게 현대어로 표현한다면 일종의 베이스캠프라고 할 수 있다. 우리는 이곳에 상주하다가 필요에 따라 지상에 태어나는 과정을 반복하는 것이다.

이 주제와 관련해서 사람들이 크게 오해하는 것 중 하나는 지상에서의 물질적인 삶이 우선 되고 영계는 부수적인 것이라고 생각하는 것이다. 이것은 완전히 거꾸로 생각하는 것이다. 영계의 실상을 안다면 지상의 삶이야말로 잠정적이거나 임시적인 삶이다. 사정이 이렇다고 해서 지상에서의 삶이 중요하지 않다는 것은 결코 아니다. 우리의 삶은 어떤 수준 혹은 어떤 단계에 있든지 모두 중요하다는 것을 잊어서는 안 된다.

2차 영역에는 수많은 공동체가 있다고 한다. 이것을 예수는 "내 아버지 집에는 있을 곳이 많다(In my Father's house are many mansions, 요한복음 14:2)."라고 표현하였다. 여기서는 '있을 곳'이라고 번역했지만 사실은 자기가 속해 있던 공동체라고 보면 된다. 마이클 뉴턴(Michael Newton)에 따르면 이런 공동체들은 무수히 많은데 작은 공동체가 다시 상위의 큰 공동체를 만들어 무리를 지어 생활한다고 한다. 여기서 가장 중요한 것은 사람이 죽으면 원래 자기가 속해 있던 공동체로 돌아간다는 것이다. 그 공동체 안에서 자신과 가장 친밀한 소수의 영혼들을 만나게 된다. 그리고 그들과 공부를 하는 등 여러 가지 일을 하고 시간이 지나 필요할 경우 다시 지상으로 내려갈 준비를 한다.

이것은 가장 일반적인 경우이고 영혼에 따라 밟는 코스가 다를 때도 많다. 예를 들어 수준이 매우 높은 영혼들은 1차 영역을 거칠 필요 없이 바로 자신의 공동체였던 곳으로 직행할 수 있다. 반대로 수준이 낮고 악행을 많이 한 영혼의 경우에는 1차 영역에만 있다가 바로 환생할 수도 있다. 이것은 과보가 뻔하니 어서 지상으로 내려가 죗값을 치르는 게 낫기 때문일 것이다. 간혹 어려서 죽은 영혼들도 이런 경우가 있다. 직전 생의 삶이 너무 짧아 배운 게 없으니 복습할 거리가 없어 서 지상에 내려가 학습하는 쪽으로 방향을 잡는 것이다. 이렇듯 영계에서의 삶은 일률적이지 않으니 판단을 잘 해야 한다.

08

영계는
물질계와 어떤 면에서
가장 다를까?

그러나 영계에서는 뇌라는 물질을 통하지 않고 빛의 에너지가
빛의 에너지와 직접 맞닥뜨리니 그 강렬함을 상상할 수 없을 정도이다.
지상에서는 레이저 광선이 조금이나마 그 수준에 근접해 있다 하겠다.
그러나 영계의 빛에 비하면 레이저 광선도 매우 탁한 빛이라 할 수 있다.

이 질문은 어떻게 보면 답하기가 아주 쉽다. 이 세상이 물질의 법칙이 지배하는 물질계인 반면에 영계는 물질이 없는 에너지의 세계이다. 인간은 지상에 살면서 워낙 물질계에 익숙해져 물질이 없는 곳이 어떤 곳인지 상상하기 힘들다. 마르티누스 같은 현자는 이 영역은 초물리적인 광선(superphysical ray)과 파동의 움직임(wave movement)으로 구성되어 있다고 주장한다. 쉽게 말해 빛의 파동만 있다는 것이다. 사실 에너지란 파동을 말하는 것이니 이곳이 에너지의 세계라는 것을 이해할 수 있을 것이다. 이와 같기 때문에 에너지체인 영혼이 이곳에 존재할 수 있는 것이다.

  이것을 빛과 색으로 비유해 보면 이해가 조금 더 쉬울 게다. 색이란 빛이 물질화된 것이라고 할 수 있다. 그러니까 빛을 구성하는 파동이 느려지면 색깔이 되는 것이고 반대로 색깔에 내재되어 있는 진동이 빨라지면 빛이 되는 것이다. 색깔만 그런 게 아니고 모든 물질이 다 그렇다. 물질도 파동으로 구성되어 있는데 그 진동수가 빛보다 아주 느릴 뿐이지 기본적인 성질이 다른 것은 아니다. 지상에서는 물질과 빛이 구분되어 있지만 영계에는 빛의 에너지만 있을 뿐이다. 따라서 영계에서는 모든 것이 빛으로 되어 있다. 흡사 그것이 물질로 구성되어 있는 것처럼 보여도 지상의 물질이 아닌 에너지 자체로만

되어 있는 것이다.

영계는 이와 같이 빛으로만 구성되어 있기 때문에 지상과는 비교도 안 되게 경험들이 강렬하다. 지상에서는 어쩔 수 없이 물질이라는 매개체를 거쳐야 하기 때문에 느낌의 강도나 속도가 약하고 느리다. 우리 생각이 반드시 뇌를 거쳐서 나오는 것이라 그럴 수밖에 없을 것이다. 그러나 영계에서는 뇌라는 물질을 통하지 않고 빛의 에너지가 빛의 에너지와 직접 맞닥뜨리니 그 강렬함을 상상할 수 없을 정도이다. 지상에서는 레이저 광선이 조금이나마 그 수준에 근접해 있다 하겠다. 그러나 영계의 빛에 비하면 레이저 광선도 매우 탁한 빛이라 할 수 있다. 물질계에 익숙해 있는 우리는 이 빛을 상상하기 어렵지만 마침 이런 세상을 겪은 사람들이 있으니 그들의 말을 들어보자.

이들은 근사체험자(near-death experiencer)들로 영체가 육신을 빠져나와 영계를 편린으로나마 경험한 사람들이다. 이들이 육신을 빠져나가 목격한 세상에 대해서 '그곳은 아름답기 그지없는데 그 아름다움은 이승의 말로는 표현할 수 없다.'는 묘사를 빠뜨리지 않는다. 그 아름다움이 물질계에서는 결코 만날 수 없는 아름다움이라는 것이다. 앞에서 인용한 것처럼, 사도 바울도 자신의 (근사)체험을 말할 때 유사한 이야기를 했다. 바울도 자신이 갔던 3층천이 말로 표현할 수 없을 만큼 아름다웠다고 증언했다.

그러면 이들은 왜 한결같이 비슷한 증언을 하는 걸까? 그들은 왜 너나 할 것 없이 영계가 지상의 말로는 그 아름다움을 표현할 수 없다고 하는 걸까? 이에 대한 대답은 앞에서 이미 했다. 색깔의 세계에서 통용되는 언어로 빛의 세계를 묘사하려고 하니 가능하지 않은 것이다. 빛에 비해 칙칙하기 이를 데 없는 색깔의 언어로는 차원을 달리 하는 빛의 세계를 도저히 묘사할 수 없는 것이다. 그래서 그들은 이 빛의 세계에 압도되어 황홀감을 느끼게 되고 육신으로 돌아왔을 때 그때까지의 삶의 행태를 바꾸지 않을 수 없게 된다. 그러나 누구나 이런 황홀감을 느끼는 것은 아니다. 살아생전에 나쁜 짓을 많이 해 마음에 공포가 많은 사람들은 이런 경험을 못한다. 대신에 그들은 끔찍한 상황을 만들어 내 스스로 창조한 악령들에게 시달리는 경우가 있다.

여기서 놓치지 말아야 할 것은 이때 우리 앞에 펼쳐지는 현상은 객관적인 것이 아니라 자신이 원해서 나타난 주관적인 것이라는 점이다. 이것은 대단히 중요한 사항이기 때문에 뒤에서 다시 언급할 것이다. 이 점이 지상과 명확하게 다르다. 지상에서는 자신의 의지와 관계없이 외계가 펼쳐지지만 영계에서는 자신이 원하는 대로 나타난다. 이것은 앞에서 본 대로 영계가 진동으로만 구성된 에너지의 세계이기 때문에 가능한 것이다.

그런데 영계에서는 어떤 사건이 발생하기 위해서는 주체들의 에너지 진동이 맞아떨어져야만 한다. 다시 말해 영혼의 진급 정도가 비슷해 그 진동수가 일치해야 서로 만날 수 있다는 것이다. 만일 이런 조건이 맞지 않으면 아무리 만나고 싶어도 그 소원은 이루어지기 어럽다. 이것이 이곳의 법칙이다. 조금 과장된 비유이긴 하지만 100V용 전구와 100,000V 전류는 만날 수 없지 않겠는가?

그러나 이런 일이 지상에서는 가능하다. 지상은 물질의 영역이기 때문에 인간들이 만날 때에 물질과 물질이 만나는 것이니 문제가 될 것이 없다. 두 사람이 만난다고 할 때, 그 사람들의 영혼의 진급 정도가 크게 차이가 난다 해도 물질이라는 육신으로 가리고 있기 때문에 두 사람은 그 차이를 느끼지 못한다. 그러니까 두 사람의 뇌에 사뭇 다른 파동의 에너지가 흐르고 있다 해도 겉으로는 느낄 수 없으니 괜찮다는 것이다(물론 마음을 내면 그 차이를 알 수 있다). 예를 들어 영계에서 우리 같은 범인(凡人)은 절대로 붓다 같은 성인을 만날 수 없다. 에너지 파동의 차이가 너무나 크기 때문이다. 그러나 지상에서는 인연만 닿는다면 붓다 같은 최고의 영혼들을 만날 수 있고 그들에게서 가르침도 받을 수 있다.

그런데 이런 점 때문에 영계에서는 지상과 또 다른 일이 발생한다. 영계에서는 생각이 외부 환경에 즉시 영향을 줄 수 있는 반면 지상의 물질계에서는 그런 일이 거의 불가능하다. 이것 역시 에너지의 파동으로 이루어진 영계와 물질적인 지상계의 차원이 다르기 때문에 생기는 현상이다. 예를 들어 영계에서는 자신의 생각으로 나무를 만들었다면 다시 생각을 달리함으로써 그 나무의 모습을 바꿀 수도 있고 심지어는 한순간에 없앨 수도 있다. 이런 것이 지상에서 불가능하다는 것은 누구나 다 아는 일이다.

그러나 엄밀히 말하면 지상에서도 이런 일이 일어나지 않는 것은 아니다. 단지 변화를 가하는 힘이 너무 약하고 느려서 그것을 알아챌 수 없을 뿐이다. 물질은 대단히 강고한데 생각은 물질의 강고함을 흔들 수 있을 만큼 강하지 않다. 예를 들어 영계에서는 동전을 자기가 만들고 생각으로 그것을 옮기는 것이 어려운 일이 아니지만 지상에서는 생각으로 물질인 동전을 움직이는 일이 거의 불가능하다. 왜냐하면 동전을 옮기겠다고 생각했을 때 동전에 미치는 힘이 너무나 작기 때문이다. 염력이 발생하여 동전에 닿기는 하겠지만 그 정도 에너지로는 무거운 동전을 옮기는 일이 불가능하다(지상에서 동전을 옮기려면 반드시 손으로 해야 한다). 이 정도면 영계와 물질계가 어떻게 다른지 그 대강은 본 것 같다.

09

영계에 도착하면 어떤 일이 벌어질까?

스베덴보리에 따르면 이곳에서는 자기가 생전에 갖고 있는 흑심이나
행했던 악행을 아무리 감추려 해도 성공하지 못한다고 한다.
자신이 행한 나쁜 일은 물론 속마음까지 하나도 남김없이 들춰지기 때문이다.
같은 일이 다른 문화권에서는 다른 모습으로 나온다.

앞에서 본 대로 우리는 죽음 이후에 에너지 혹은 에너지 파장으로 되어 있는 영계에 도착한다. 아니 육신을 빠져나와 영체가 됐다고 하는 것이 더 정확하겠다. 이때 일어나는 현상 중에 두드러진 것은 영혼의 지력이 몇 곱절 증가한다는 것이다. 특히 티베트의 『사자의 서』 등에 따르면, 이때 우리는 말할 수 없이 환한 빛을 보며 그와 더불어 지혜가 대폭 확장된다고 한다(물론 그 반대로 악령에 시달릴 수 있다는 언급도 들어 있다).

퀴블러 로스 같은 근사체험 연구자들도 이와 비슷한 말을 전한다. 즉 사고로 (죽어서) 육신을 빠져나와 영체가 됐을 때 이 빛의 존재 속에 들어가면 큰 지혜를 얻게 된다는 것이다. 이때 말하는 지혜란 그때까지 자신의 생애에 있었던 모든 사건들이 왜 그런 식으로 벌어지게 됐는지 알게 되는 것 등을 말한다. 예를 들어 왜 어려서 고아가 됐는지, 왜 그런 남편을 만나 고생을 했는지 하는 등 살면서 겪었던 중요한 사건들의 의미를 알게 된다고 한다.

이것은 자신이 이번 생에 어떤 카르마를 갖고 왔는지를 단번에 알게 된다는 것을 의미한다. 우리는 살면서 이유를 모르고 겪는 일이 참으로 많다. 예를 들어 '왜 나는 시각장애를 갖고 태어났는지.' 와 같은 질문은 여간해서는 답을 얻기가 힘들다. 그런데 영체가 되어 빛의 존재와 있을 때 비로소 모든 문제의 답을 알게 된다고 한다.

이 말이 사실이라면 왜 이때 갑자기 지력이 증가하는 것일까? 우리는 이 현상을 어떻게 이해할 수 있을까? 『사자의 서』에서는 이때 영혼을 해탈의 경지로까지 이끌 수 있을 정도라고 하는데 얼마나 지혜가 증가하기에 이렇게 말하는 것일까? 이것은 정황을 생각해 보면 충분히 가능할 것이라고 생각된다. 영혼이 수십 년 동안 육신에 갇혀 있다가 이런 강한 속박에서 갑자기 벗어나면 그 해방감에 지력이 짧은 순간 비약적으로 상승할 수 있을 것이다. 다시 말해 물질의 영역에만 있다가 그 한계를 벗고 에너지로 된 세계로 오게 되면 그 자유로움에 능력이 극대화될 수 있다는 것이다.

이것을 성냥을 비유로 들어 설명해 보자. 성냥을 켜면 처음에는 불꽃이 아주 커져서 주위를 환하게 비춘다. 그러나 그러다가 곧 원래의 작은 빛으로 줄어드는데 영혼의 지력이 갑자기 커지는 것도 비슷한 이치라는 생각이다. 다른 비유로 보면, 수돗물 호스를 막고 있다가 갑자기 놓으면 물의 힘이 뻗치면서 멀리 가는 것과 비슷하다고 할 수 있겠다. 그러나 성냥불이 작아지는 것과 같이 영혼의 지력도 얼마 지나지 않아 다시 자신의 영적인 수준으로 곧 줄어들게 된다. 그래서 『사자의 서』에서 말하는 것처럼 결과적으로 이 시기에 해탈을 얻는 사람은 없다.

이와 동시에 막 영계로 들어오면 지상에서 오랫동안 살면서 지친 영혼을 치유하는 과정이 있을 수도 있다. 마르티누스에 따르면 우리

는 이때 마음속의 찌꺼기를 제거하는데, 뉴턴의 내담자들은 빛 같은 것이 영혼을 감싼다고 주장한다. 그렇게 하면 이 기운들이 영혼 안으로 들어가 치유를 한다는 것이다. 하기야 우리가 이 지상에 태어날 때에도 모친의 자궁에서 나온 다음 목욕을 했듯이 영계에서 다시 태어났을 때에도 비슷한 과정을 거치는 것이 자연스러운 일일 것이다.

사람마다 다를 수 있겠지만 이 상태가 지나면 오랜만에 만난 친지들과도 일단 헤어지게 된다. 직전 생에서 친족으로 맺은 인연이 계속 갈 수도 있지만 그 인연들과 속한 영적 공동체가 다르면 여기서 헤어져야 한다. 스베덴보리는 심지어 직전 생에서는 부부의 인연을 맺었을지라도 같은 공동체로 오지 않는 경우가 많다고 주장했다. 따라서 부부가 영계에서 다시 부부의 연을 지속하는 것보다 헤어지는 경우가 많다고 한다. 부부 관계처럼 밀접하게 보이는 관계도 좀 더 큰 틀에서 보면 그리 중요한 관계가 아닐 수 있다는 것이다. 원불교를 세운 소태산은 우리가 지내 온 수많은 생에 비교하면 한 생애에 남녀가 부부가 되어 사는 것은 이 지상에서 모르는 남녀가 여관에서 하룻밤 동숙하고 헤어지는 것과 다름없다고 설파했다. 그런 관점에서 보면 부부 관계가 생각한 것보다 덜 중요한 관계일 수도 있겠다.

그다음으로 여기서 있음직한 일은 직전 생을 점검하는 것이다. 앞에서는 1차 영역에서 필요한 과정을 끝내면 자기가 원래부터 속해 있었던 공동체로 돌아간다고 했지만 그 전에 해야 할 일이 있는 경우도 있다. 즉 직전 생에서 무엇을 어떻게 했느냐를 점검하고 그에 따라 어떤 곳으로 가야 할 것인가를 결정하는 것이다. 영계에서 우리가 어떤 상태에 처하는가를 결정하는 것은 아무래도 직전에 어떤 생을 살았는지가 가장 중요한 요소일 것이다.

따라서 여기서는 안내령이나 빛의 존재의 도움을 받든지, 아니면 독자적으로 하든지 직전 생을 총체적으로 점검하는 과정을 거쳐야 한다. 스베덴보리에 따르면 이곳에서는 자기가 생전에 갖고 있는 흑심이나 행했던 악행을 아무리 감추려 해도 성공하지 못한다고 한다. 자신이 행한 나쁜 일은 물론 속마음까지 하나도 남김없이 들춰지기 때문이다. 같은 일이 다른 문화권에서는 다른 모습으로 나온다. 예를 들어 불교에서 염라대왕이 해당 영혼이 생전에 했던 일에 대한 기록을 갖고 있어 거짓말을 할 수 없다고 이야기하는 것도 같은 유라고 할 수 있다. 뿐만 아니라 업경대(業鏡臺)라는 거울이 있어 죽은 자가 자기의 영혼을 비추면 생전의 모든 언행이 다 보인다는 불교 교리도 이와 같은 이야기라고 할 수 있다. 이집트에서 죽은 자의 심장을 저울에 달아 생전에 행한 선행을 재는 것 역시 같은 과정이라 하겠다.

이렇게 점검해 보면 이때 확실한 사실이 드러난다. 우리가 몸을 벗고 또 다른 세상인 영계로 들어올 때에 갖고 오는 것은 생전에 행한 모든 것, 즉 업보뿐이라는 사실이다. 자신이 소유한 재산이나 자신이 이룩해 놓은 일, 명예 등은 죽으면서 모두 지상에 남겨두지만 자신이 그 일을 했을 때의 동기, 즉 그때의 마음가짐은 영혼 안에 저장되어 같이 온다는 사실을 바로 이곳에서 확실하게 알게 될 것이다.

10

자신이 죽었다는 사실을 빨리 인정할 것

영혼이 자신이 죽은 줄도 모르고
지상에서와 같은 용모에 같은 주위 환경을 만들어 놓고 살고 있으면,
천사가 와서
'당신은 죽었으니 쓸데없는 일 하지 말고 어서 영계의 삶을 준비하라.' 고
조언을 한다.

이번 장의 제목은 다소 의외일 것이다. 본인이 죽어 영계에 왔는데 자기가 죽었다는 사실을 빨리 인정해야 한다니 말이다. 이 사실을 깨닫는 일은 대단히 중요한 일인데, 의외로 많은 영혼들이 죽었다는 사실을 인정하지 못하고 쓸데없는 데에서 시행착오를 범한다고 한다. 그곳에서 공연히 헤매지 않으려면 영계가 돌아가는 원리를 잘 알아야 한다.

스베덴보리에 따르면 1차 영역은 지상과 똑같다. 지상에서처럼 똑같은 (사념으로 만든) 육신을 가지고 집을 짓고, 농사를 짓고, 밥을 먹고, 포도주도 마신다. 만일 1차 영역이 어떤 원리로 움직이는지 모른다면 스베덴보리의 말이 뚱딴지처럼 들릴 것이다. 우리는 육신을 벗고 영으로만 된 세계에 갔는데 지상과 같은 생활을 한다고 하니 이해할 수 없을 테지만 스베덴보리는 정확한 사실을 말하고 있다(이런 것으로 미루어 보아 그는 분명 영계에 갔다 온 사람이다).

이와 관련해서 다스칼로스가 제시하는 예는 더 극적이다. 그의 친구 중에 한 사람인 노름꾼이 죽은 모양이다. 그런데 다스칼로스가 영체로 되어 가 보니 그 사람은 자신이 죽은 줄도 모르고 있었다. 그뿐만 아니라 그곳에서도 여전히 지상에서 자신이 노름하던 더러운 찻집을 사념으로 만들어 놓고 노름을 하고 있었다. 그래서 그는 이 친구를 구해 주고자 그를 데리고 나와 멋진 천국의 모습을 보여주었다. 천국을 보여주면 그 노름방에서 나올 것 같아서 그렇게 한 것이리라. 그랬더니 그 노름꾼 친구는 '이런 곳은 너무 심심하다.' 고 하면서 다시 자신이 만들어 놓은 노름방으로 돌아갔다고 한다. 또 전생에 과수원을 하던 어떤 사람은 영계에 와서도 과수원을 만들어 놓고 비가 안 올까 걱정을 하고 있더라는 것이다. 이들은 모두 자신이 영계에 들어온 줄도 모르고 전생에서 하던 일의 습력(習力) 때문에 여전히 미망에 빠져 있는 것이다.

이와 같이 우리는 영계에서도 지상과 같은 환경에서 생활할 수 있지만 그 환경은 사실 물질계와는 다르다. 어떻게 다를까? 영계의 환경은 지상 물질계처럼 객관적으로 존재하는 것이 아니다. 이것들은 영혼이 사념(생각)으로 만들어 낸 것들이다. 어떤 것을 생각하면 그것이 내 앞에 그대로 펼쳐진다. 지상에 살던 집을 생각하면 그 집이 내 앞에 나타난다는 것이다. 그뿐만이 아니고 지상에서 알던 사람을 생각하면 그 모습이 내 앞에 나타나기도 한다. 믿기 어렵지만 영계는 이런 원리로 움직인다고 한다. 그래서 이 원리를 모르는 영혼은 자신이 죽었는지조차 모르고 지낸다는 것이다. 직전 생을 살았던 지상에서 하던 생각을 하면 지상에서와 똑같은 삶이 그대로 내 앞에 펼쳐지기 때문이다.

그러면 어떻게 생각이 이와 같이 물질화되는 것일까? 이 문제에 대해 마르티누스는 결정적인 도움을 준다. 그에 따르면 영계에는 지상과는 다른 형태의 물질이 있다. 그는 이것을 영적 물질(spiritual matter)이라 불렀는데 이것은 아주 가볍고 일시적인 성질이 있다. 이 물질은 영혼이 어떤 생각을 갖고 집중하면 보이는데 그것은 이 물질이 영혼의 아주 작은 생각에도 복종하기 때문이다. 그래서 영혼이 어떤 것을 생각하거나 소망하면 그것이 바로 나타난다. 그러다 집중한 생각을 거두면 곧 사라진다. 여기서 마르티누스는 물질이라는 말을 썼지만 에너지라고 해도 좋을 것 같다. 원래 에너지와 물질은 같은 본질의 다른 양태 아닌가? 그래서 전자나 양자 같은 소립자 영역에서는 에너지 단위로 질량을 표시하는 것이다.

그래서 앞에서 마르티누스가 이 영역은 초물리적인 광선과 파동으로 구성되어 있다고 주장한 것이다. 다시 말하면 이 영역은 빛과 파동 혹은 에너지의 진동으로 구성되어 있으면서 바로 이것들이 영혼의 생각이나 바람에 따라 명멸을 거듭한다는 것이다. 이 때문에 영혼이 자기가 죽었는지 모른다는 것인데 이 점에 대해서는 스베덴보리의 의견도 일치한다. 영혼이 자신이 죽은 줄도 모르고 지상에서와 같은 용모에 같은 주위 환경을 만들어 놓고 살고 있으면, 천사가 와서 '당신은 죽었으니 쓸데없는 일 하지 말고 어서 영계의 삶을 준비하라.'고 조언을 한다.

마르티누스는 이 영역을 세밀하게 묘사하였다. 그에 따르면 이 영역은 '개인의 심적 우주(personal mental universe)'이고 '습관적인 관념이나 생각(habitual conceptions and thoughts)'으로 구성되어 있다. 그 때문에 자신의 생각에 갇히면 '마음의 감옥(mental prison)'이 된다. 다스칼로스의 예에 나오는 노름꾼이나 과수원 주인은 모두 스스로 만들어 낸 생각에 갇혀 자신이 감옥에 있는 줄도 모르는 것이다(사실 영계에서만 그런 게 아니라 지상에서도 우리는 자신만의 세계에 갇혀 살고 있다).

이런 사실이 이제는 많은 사람들의 공감을 자아내 2000년 전후로 영화의 소재로도 많이 쓰였다. 효시라고 할 수 있는 작품은 「식스 센스」이지만 그 외에도 「디 아더즈」나 「애프터 라이프」 등이 있는데 이 중에 가장 극적인 것은 「디 아더즈」이다. 이 영화에서 주인공은 자식 둘을 죽이고 자신도 자살했는데, 그 사실을 인지하지 못하고 수십 년 동안 자기 집에서 자식들과 함께 살고 있었다. 마지막까지도 주인공은 자신이 죽었다는 사실을 모른 채 영화는 끝이 난다. 극적인 분위기를 만들려고 현실을 부풀린 게 아니라 실제로는 이보다 더 안 좋은 경우도 많다는 것이 그쪽 세계를 아는 사람들의 전언이다.

그러나 신비가들에 따르면 우리가 이런 식으로 영원히 있는 것은 아니고 언젠가는 스스로 만들어 낸 감옥에서 벗어난다고 한다. 스스로 무엇인가 이상한 것을 발견하고 다른 식으로 해결을 모색하거나, 또 뛰어난 영혼들의 도움을 받아 그렇게 할 수 있다는 것이다. 어떻든 이 영역에서 너무 오래 머물러 있는 것은 좋지 않다. 이 영역을 가급적 빨리 벗어나려면 객관적 현실과 자신이 만들어 낸 것을 확실하게 구별하는 지혜가 필요하다. 그래서 이 원리를 잘 아는 영혼들은 이 영역을 거치지 않고 바로 다음 영역으로 간다는 것이다.

자신이 죽었다는 사실을 빨리 인정할 것

11

영계가
돌아가는
원리

영혼이 한정 없이 자유로울 것 같지만
어떤 면에서는 지상에서보다 더 자유가 제약될 수도 있다.
영계에서 영혼들은 사념의 세계에만 갇혀있어서
자신이 생각하지 못하는 곳에는 갈 수 없기 때문이다.

여기서 우리가 반드시 점검해야 하는 것은 영계가 돌아가는 원리에 관한 것이다. 이 점에 관해서는 앞에서 부분적으로 이야기했지만 다시 한 번 정리하는 게 좋겠다. 이 원리를 제대로 알면 영계는 물론이고 지상의 물질계가 돌아가는 이치까지도 알 수 있기 때문이다. 이렇게 지상계와 영계라는 두 세계를 관통하는 원리를 확실하게 알면, 우리는 아는 만큼 자유로워진다. 어떤 경우든 얽매이지 않고 자유로워지는 것은 좋은 일이다. 마치 그물에 걸리지 않는 바람처럼 말이다.

이곳은 파동의 세계라고 했다. 3차원적인 물질이 없기 때문에 에너지의 파동만 존재한다. 그래서 이곳에는 지상의 시간이나 공간 개념이 적용되지 않는다. 에너지이니 공간을 점유할 필요가 없다. 그래서 시간이 그리 중요하지 않다. 생각하는 순간 그 대상이 나타나기 때문이다. 예를 들어 내가 아는 어느 곳에 가고 싶다고 생각하는 순간 나는 그곳에 있게 된다. 어떤 병사가 해외에서 전투를 하다 총에 맞아 죽었다 치자. 그때 그 병사는 영혼이 몸에서 빠져나오는 순간 고향 집에 가서 엄마가 보고 싶다는 생각을 한다. 그러면 바로 그는 고향 집에 당도한다. 그리고 거기서 일어나는 일들을 상세하게 목도하게 된다. 영혼은 이처럼 시공을 초월할 수 있는 것이다.

이런 일은 근사체험자들의 증언을 통해 실제로 입증되었다. 월남전에서 중상을 입어 죽었다 살아난 미군들의 이야기이다. 이들은 나중에 다시 살아나 자신이 체외 이탈을 해서 미국에 있는 고향 집에 갔다 왔다고 증언했다. 그는 자신이 고향 집에 가고 싶다고 생각한 즉시 고향 집으로 갔고, 그곳에서 어머니나 아내가 하는 일을 목격하게 된다. 그리고 극적으로 회생하여 완치된 후에 나중에 고향에 가서 확인하니 그때 목격한 것이 사실로 판명되었다. 뿐만 아니라 아들이나 남편이 영혼 상태로 온 것을 지상의 모친이나 아내가 목도하는 경우도 있었다. 그러나 대부분의 경우 사람들은 영혼의 왕림을 느끼지 못한다. 그런 경우일지라도 애완견들은 그것을 감지하고 영혼을 향해 반응하는 사례도 보고되었다.

이렇게 보면 영혼이 한정 없이 자유로울 것 같지만 어떤 면에서는 지상에서보다 더 자유가 제약될 수도 있다. 영계에서 영혼들은 사념의 세계에만 갇혀있어서 자신이 생각하지 못하는 곳에는 갈 수 없기 때문이다. 다른 영혼이 안내한다면 가능하겠지만 자신의 인지 체계에 존재하지 않는 곳은 마음을 낼 수 없으니 가 볼 생각조차 할 수 없는 것이다. 그에 비해 지상에서는 한 번도 생각하지 못한 곳이라도 '우연'한 기회에 갈 수 있다. 미지의 세계나 사람을 접하는 것도 마찬가지다. 육신이 있기 때문에 어디든 갈 수 있는 것이다. 나중에 다시 말하겠지만 사람이 세상에 태어나 환생하는 것은 영계에서는 할 수 없는 다양한 체험을 하기 위해서이다.

영계에는 새로운 장소에 갈 수 없다는 제약만 있는 것이 아니다. 이곳은 파동으로 움직이기 때문에 같거나 매우 비슷한 진동수를 가진 파동의 영혼들끼리만 만날 수 있다는 것도 잊어서는 안 된다. 그러니까 영혼의 진급 정도가 비슷하고 유사한 흥미나 성향을 가진 영혼들끼리만 만날 수 있다는 것이다. 이런 영혼들이 서로에게 주파수를 맞추면 그 즉시 만나게 된다. 그러나 만일 자기가 만나고 싶은 영혼이 부름에 응하지 않으면 그 만남은 성사되지 않는다.

이 과정을 한번 풀어서 보자. A라는 영혼이 B라는 영혼을 보고 싶어한다. 그러면 그 생각은 바로 B에게 전달된다. 이때 B가 자신도 A를 보고 싶다고 생각하면 순식간에 둘은 만나게 된다. 그렇지 않고 만약 B가 그런 사념이 전달됐을 때 반응하지 않으면 그 만남은 성사되지 않는다(그러나 만일 B가 A를 미워하는 마음을 품는다면 만나게 될 수도 있다. 파동이 맞추어지기 때문이다). 더 재미있는 것은 그렇게 만나고 있다가 한 영혼이 관심을 다른 데로 돌리면, 즉 자신의 진동수를 바꾸면 즉시 그 영혼과는 헤어지게 된다. 그리고 자신의 진동수와 맞는 새로운 영혼을 만나게 된다. 이러한 현상에 대해 마르티누스는 "사실상 영계의 존재들은 움직이지 않는다. 대신 주위 환경이 생겨난다."고 탁월하게 표현했다.

이것을 지상의 사건으로 이해하려면 라디오를 비유로 드는 게 좋겠다. 일정한 주파수로 방송되는 프로그램을 듣다가 조금만 옆으로 돌리면 다른 방송이 나온다. 주파수가 달라지는 순간 우리는 다른 세계(혹은 존재)를 경험하게 되는 것이다. 여기에 다스칼로스는 한술 더 뜬다. 본인과 같이 높은 수준의 영혼에게만 해당되겠지만 영혼은 눈 깜짝할 사이에 지옥과 천당을 왔다 갔다 할 수 있다고 한다. 자신의 영혼이 지닌 진동수를 더 끌어올리면 주위가 천당이 되고 반대로 끌어내리면 바로 지옥이 되기 때문이다. 진동수를 올리면 높은 진동수의 영혼을 만날 테니 천당이 되는 것이고 진동수를 끌어내리면 그와 유사한 저급한 영들과 조우하게 될 테니 그곳이 그대로 지옥이 된다. 그러니까 그가 직접 어떤 곳으로 가는 것이 아니라 환경만 변할 뿐인 것이다.

그러나 영계에서는 자기가 한 번도 생각하지 못한 곳은 갈 수 없는 것처럼 생전에 한 번도 생각하지 않은 영혼은 만날 수 없다. 아울러 자신과 진동수가 다른 영혼들 역시 만날 수 없다. 이 때문에 자신보다 저급한 영혼을 만나지 않는 것은 바람직할지 모르지만, 자신의 발전을 위해서는 고급 영혼들을 만나야 하는데 그것도 가능하지 않은 것이다. 이 고급령들이 자신의 진동수를 낮춰 우리들에게 맞춘다면 그들을 만날 수 있지만 그러기 전에는 이들을 만날 수 없다.

그런데 지상은 다르다. 어느 누구도 인연만 닿는다면 붓다나 예수 같은 최고의 성인도 만날 수 있다. 이런 최고의 영혼들은 영계에서는 절대로 만날 수 없다. 그 진동수가 무한대이기 때문에 발광 정도를 가히 예측하기 힘들다. 이런 분들은 영계에서 우리의 탁한 에너지의 진동수로는 도저히 미치지 못할 곳에 있을 것이다. 그러나 지상에서는 그 높은 진동수를 육체가 가려주기 때문에 그분들을 만나는 데에 전혀 문제가 없다. 그래서 그분들을 직접 뵙고 그 가르침이나 에너지를 경험할 수 있다. 이렇게 되면 영혼의 진화가 말할 수 없이 빠른 속도로 이루어진다. 이런 속도감을 영계에서는 느끼기 힘들다. 이런 상황을 통해 보면 우리는 지상계가 얼마나 중요한 곳이지 알 수 있다(지상의 삶이 없다면 우리는 아주 더디게 전진할 수밖에 없다).

여담이지만 예수님을 골고다 언덕에 끌고 가면서 채찍으로 치는 잔악한 짓을 한 로마 병사들은 자신들이 절대로 만날 수 없는 분을 만났는데 그 엄청난 기회를 알아차리지 못했다. 그 정도에서 끝났으면 좋으련만 그런 위대한 영혼에게 상해까지 입히고 살해하였으니 그 과보를 어떻게 받게 될까? 이와 같이 아무리 수준 높은 분이 내 앞에 있어도 자신의 진동수가 낮으면 알아볼 수가 없다. 그러니 어서 부지런히 자신의 영혼(마음)을 닦자. 닦는 데에는 공부만큼 좋은 것이 없다(지혜를 닦는 것이 선행보다 낫다).

12

천국과
지옥은
존재한다

우선 가장 중요한 사실은 가는 곳이 지옥이든 천당이든
그가 처한 상황은 모두 스스로 만들어 낸 결과라는 것이다.
지옥이나 천당은 외계 어딘가에 객관적으로 존재하는 것이 아니다.
이 두 세계는 주관적인 영역이기 때문이다.

지금까지 본 영계의 작동 원리를 염두에 두고 아주 오래된 질문인 '천국과 지옥이 과연 존재하는가?' 하는 문제를 생각해 보자. 과학이 발달하기 전인 전근대에는 사람들이 천당과 지옥을 종교에서 가르치는 그대로 믿었다. 죽어서 저승에 가면 이승에서 한 일에 대해 심판하고 그것에 합당한 천당이나 지옥에 보내진다는 것이다. 그런데 천당보다는 지옥에 관한 설명이 더 많았다.

예를 들어 지옥에는 유황불이 타고 있다거나 칼로 사지를 잘라 영혼으로 하여금 끊임없는 고통 속에 빠지게 한다는 것 같은, 지옥에 대한 끔찍한 묘사는 여러 종교에서 단골로 활용되는 소재였다. 사람들은 이런 지옥이 실재한다고 믿었고 그 사실을 그다지 의심하지 않았다. 그러다가 근세에 들어와 과학, 그리고 이성적인 사고가 크게 발전하자 상황은 다르게 전개되었다. 종교 자체를 부정하기 시작한 것이다. 종교 교리는 비이성적이라는 인식 때문이었다. 그중에 내세에 대한 믿음은 첫 번째 표적이었다. 내세가 부정당하자 당연히 천당과 지옥은 치기어린 사람들의 환상으로 여겨졌다. 천당과 지옥을 인정하면 지성이 모자란 사람처럼 홀대를 당하기도 했다.

그러면 천당과 지옥의 진실은 무엇일까? 우선 확실하게 말할 수 있는 것은 전근대 시대의 사람들이 믿었던 그런 천당이나 지옥은 존재하지 않는다는 것이다. 영계에 초인격적인 존재가 있어 영혼이 생전에 행한 행위를 심판하고 그에 적합한 곳으로 보내는 그런 일은 벌어지지 않는다. 그러면 천당이나 지옥은 아예 존재하지 않는 것일까? 이에 대한 답은 우리가 지금까지 본 영계의 원리를 대입해 보면 금세 알 수 있다.

우선 가장 중요한 사실은 가는 곳이 지옥이든 천당이든 그가 처한 상황은 모두 스스로 만들어 낸 결과라는 것이다. 지옥이나 천당은 외계 어딘가에 객관적으로 존재하는 것이 아니다. 이 두 세계는 주관적인 영역이기 때문이다. 예를 들어 영혼의 진동수가 맑고 높으면 유사한 영혼들만 만날 터이니 그곳은 서로를 위해 주지 못해서 야단일 것이고 반대로 영혼의 진동수가 느려 탁하면 수준이 낮은 영혼들만 모여 서로를 해치기에 바쁠 것이다. 전자의 경우에는 천당처럼 좋은 기운이 넘칠 것이고 후자의 경우에는 지옥처럼 나쁜 기운만 있을 것이다.

불교에서 천당과 지옥의 차이를 설명할 때 식사 장면을 비유해 묘사하는 이야기는 유명하다. 이 이야기를 보면, 식탁에 놓인 젓가락이 사람 팔보다 길어 스스로는 음식을 못 먹는다. 입으로 음식을 가져올 수 없기 때문이다. 천당과 지옥이 여기까지는 조건과 환경이 똑같다 (지옥도 아름다운 곳이고 그곳의 음식도 진수성찬이다). 그런데 천당에서는 서로에게 먹여 주기 때문에 전혀 문제가 없는데 지옥에서는 자기만 먹겠다고 허둥대다 아무도 못 먹게 된다고 한다. 이 이야기가 시사하는 바는, 천당에는 사랑과 배려가 넘치는 반면 지옥에는 저밖에 모르는 옹졸한 이기주의만 있다는 것이다.

이것을 마르티누스는 더 생생하게 묘사했다. 이미 『죽음의 미래』에서도 그의 글을 인용했지만 이보다 더 좋은 예는 아직 보지 못했다. 어떤 성공한 기업인이 죽었는데 이 사람은 생전에 돈밖에 모르던 사람이었다. 영계에 들어와서도 그는 이전에 하던 일을 계속했다. 물론 이것은 모두 자신의 생각이 만들어 낸 상황일 뿐이다(습관이 이렇게 무서운 것이다). 어떻든 그는 그곳에서 엄청난 돈을 모았다. 그러나 곧 도둑이 이 돈을 빼앗아 가면 어쩌나 하는 생각이 들었다. 그 순간 강도가 나타났고 그 강도는 그의 돈을 다 빼앗아 가고 말았다. 그 과정에서 그 역시 큰 부상을 당했다. 비극은 여기서 끝나지 않았다. 그의 주위에는 그처럼 돈만 아는 영혼들이 모여들어 서로 경쟁하며 돈 버는 데에만 몰두했다. 이런 생활은 고독과 고통만 가져다 주니 이 영혼은 괴롭기 짝이 없었다. 그런데 이 사람이 처한 상태는 어느 누가 강요한 것이 아니라 본인 스스로가 창출한 것임을 쉽게 알 수 있다. 이와 같이 본인이 고통 받는 정도는 스스로의 마음 상태에 정확하게 비례한다.

덧붙여 말하면, 영혼이 겪는 기쁨이나 고통은 그가 생전에 자신이나 다른 사람에게 행한 것과 정확하게 상응해서 나타날 것이다. 사람이 다른 사람을 괴롭히면 해를 가한 사람의 마음속에도 공포나 좌절이 생겨 무의식 속에 기억된다. 그러다 이 사람이 죽어 영혼이 되면 이 감정이 이미지로 나타나 그를 괴롭히게 된다. 영계에서 받는 과보가 무섭다는 것은 여기서는 어느 누구도 그를 도와줄 수 없기 때문이다. 자기가 생각으로 이미지를 만들어 내는데 어떻게 다른 영혼이 알아서 도울 수 있겠는가?

지금까지 얘기를 구체적으로 예시해 보자. 예컨대, 생전에 폭정을 일삼던 제왕이 죽었다면 영계에서 어떤 상태로 있을까? 먼저 말하고 싶은 것은 그는 지상에서 생활할 때가 외려 천국이라고 할 수 있다. 우선 영계에는 그를 보호해 주고 떠받들어 줄 시종이 존재하지 않기 때문이다. 그는 지상에 있을 때 수없이 많은 사람을 죽이고 곤경에 빠뜨렸다. 그로 인해 죽어간 이들의 원한과 그 자신의 죄책감이나 공포 같은 감정은 뇌리에 모두 기록되어 있기 때문에 그에게 끼쳐오는 공포는 어마어마할 것이다. 앞의 마르티누스의 예에서 본 것처럼 영계에서는 영혼의 사념이 모두 실제의 이미지로 나타난다. 따라서 그 폭군에게 당한 사람들은 그를 공격하기 위해 나타날 것이다. 이때 그는 하릴없이 당할 수밖에 없다. 그런데 이렇게 나타난 사람들은 대부분 그 자신이 사념으로 만들어 낸 것이라는 것을 잊어서는 안 된다.

지상이 그래도 '상대적인' 관점에서 볼 때 천당이었다고 하는 것은 지상에서는 이런 공격을 주변의 추종자들이 막아 주었기 때문이다. 지상에서도 많은 불안과 공포가 있었을 테지만 물질계에서는 이 사념들이 외부에 현실화되지 않으니 영계에서처럼 호되게 당하지는 않는다. 그러니 그만큼은 편했을 것이다.

그렇게 그가 영계에서 괴롭힘을 당하는 시간이 얼마나 될지는 알 수 없다. 그러다 그는 그 죄업을 지상에서 다른 방법으로 씻기 위해 극악한 환경에 태어나게 될 것이다. 그것도 몇 번을 더 태어나서 죗값을 치러야 할지는 알 수 없다.

우리가 죽을 때 가지고 가는 것은 자신이 생전에 행한 업밖에 없다고 했다. 따라서 현세의 폭군이 아무리 막강한 군대를 갖고 있었다 한들 사후에 그를 지켜줄 사람은 한 사람도 데려가지 못한다. 영계에서는 자기를 공격하는 것도, 자신을 편하게 해 주는 것도 자신의 생각뿐이다. 항상 남을 이롭게 해 주려는 마음을 가진 사람은 영계에서 꼭 같은 환경을 만들어 낼 것이고 그 반대도 마찬가지이다. 그러려면 지상에서 마음을 잘 닦는 준비를 해야 한다. 원불교 경전을 보면, '보살은 남만 위하겠다고 사는데 결국은 자신이 큰 이득을 보고 중생은 저만 위하겠다고 사는데 결국은 남과 자신을 해치게 된다.' 는 구절이 있다. 이것만 보아도 우리가 어떻게 살아야 할지는 결론이 분명하지 않은가?

13

내가, 그리고
우리가 창조한
지옥의 모습은?

그런데 지옥에 간 영혼들은 모두 그들이 자청해서 간 것이지 신 같은 외적인
존재가 그들에게 벌을 내리기 위해 보낸 것이 아니다.
이들은 자기에게 맞는 곳을 찾다가 지옥에서 나오는 욕정과 증오의 기운을
느끼고 동조한 나머지 본인 스스로 그곳으로 향한 것이다.

이렇게 해서 우리는 천당과 지옥이 존재한다는 것을 알수 있게 되었다. 그런데 이상하게도 여러 종교들과 신비가들의 설명에는 천당보다 지옥에 대한 묘사가 더 자주 등장한다. 그래서 지옥에 대해 조금 더 자세히 살펴보는 일이 필요할 것 같다. 이것은 지옥에 대한 공연한 오해를 없애기 위함인데, 우리가 보통 생각하는 것보다 훨씬 더 다양한 지옥이 있는 것처럼 보인다.

특히 스베덴보리는 자신의 저서에서 한 장을 할애하여 지옥의 모습을 상세하게 설명하고 있는데 이 설명은 적확함에도 불구하고 영계에 대한 지식이 없는 사람에게는 터무니없는 것처럼 보일 수 있다. 그러나 그것을 제대로 이해하면 독자들이 영계의 실상을 아는 데에 큰 도움이 될 것이다.*

지옥에 관한 묘사는 불교 같은 기성종교에서도 보이는데 이 설명과 신비가들이 말하는 지옥은 일치하는 바도 있고 조금 차이가 나는 부분도 있다. 예를 들어 불교에 따르면 발설(拔舌) 지옥이라는 곳이 있는데 이곳은 생전에 남에 대해 나쁜 말이나 욕을 심하게 했거나 사

---

* 지옥에 대한 생생한 묘사는 다음의 책에서도 발견되는데 그 설명은 스베덴보리와 모두 상응한다. 파네즈, 이화서 역, 『영계의 계단(방랑자)』, 책보, 2009.

람을 말로 속이는 것 같은 죄를 저지른 사람이 가는 지옥이다. 이 지옥을 묘사한 그림을 보면, 해당 영혼의 혀를 갈거나 길게 뽑고 그 위에서 소로 하여금 쟁기를 갈게 한다. 또 한빙(寒氷) 지옥은 말할 수 없이 추운 곳인데 여기는 생전에 간음하거나 우정을 저버려 사람을 외롭고 힘들게 만든 이들이 가는 곳이다. 이러한 불교의 지옥 설명은 일차원적이라는 생각을 지울 수가 없다. 그러나 신비가들의 전언에 따르면 이와 비슷한 지옥이 있기는 한데 그 해석이 조금 다르다. 불교의 설명은 아직 인지가 개명되지 않았을 때 하던 것이라 그리 높지 않은 수준에 머무른 것 같다.

스베덴보리의 책을 보면 그는 자신의 (영의) 상태로는 지옥에 갈 수 없어 천사의 도움을 받아 동행하게 된다. 이 말은 무엇일까? 지옥에 사는 영들은 진동수가 매우 느린데(그래서 영이 탁하다!) 스베덴보리처럼 고결한 영혼은 지옥에 사는 영의 진동수 수준까지 낮추는 게 대단히 힘들었을 것이다. 따라서 혼자 힘으로는 지옥을 방문할 수 없었던 것이다. 게다가 그의 맑은 영혼에서는 아주 환한 빛이 날 터이니 지옥의 영들에게 가까이 갈 수도 없었을 것이다. 빛이 너무 환해 지옥의 영들이 도망가기 때문이다. 그래서 천사는 그의 혼에 일종의 막을 씌워 지옥의 영으로부터 오는 악한 기운을 차단하고 스베덴보리 영의 밝은 빛 역시 밖으로 보이지 않게 조치했을 것이다.

스베덴보리에 따르면 지옥에 가는 사람들은 자기만 아는 이기주의자나 세속적인 것만 좇는 속물들이다. 이기주의자는 증오와 복

수·간교·잔인함 등으로 가득 찬 사람들이고, 속물은 남의 것을 빼앗기만 하고 돈·지위 같은 세속적인 것만 추구하는 사람들을 말한다. 이 둘 중에 이기주의자가 훨씬 더 나쁘기 때문에 가장 음험한 지옥에 산다고 한다. 그런데 이들의 얼굴을 보면, 죽은 시체처럼 검거나 불타고 있고 혹은 사마귀 같은 것이 나 있어 흉측하기 이를 데 없다고 한다. 어떤 때는 얼굴은 아예 안 보이고 털이나 뼈, 이빨만 있어 괴물처럼 보이는데 말에는 분노·복수의 감정만 담겨 있다고 한다.

이런 묘사가 유치하게 들릴 수 있겠지만 이것을 우리 내면에 있는 온갖 음흉하고 나쁜 생각이 이미지화한 것으로 보면 전혀 이상하지 않다. 그런데 재미있는 것은 이렇게 보이는 것은 천국의 밝은 빛, 다시 말해 진동수가 빠른 빛으로 볼 때 그런 것이고 자기들끼리는 정상으로 보인다고 한다. 사정이 그러니까 그런 낮은 영혼들끼리 아무렇지도 않게 모여 살고 있는 것이다. 이것은 이 세상에서 나쁜 얼굴을 가진 조폭들끼리는 아무 탈 없이 잘 사는 것과 비슷한 것이라 하겠다.

그런데 지옥에 간 영혼들은 모두 그들이 자청해서 간 것이지 신 같은 외적인 존재가 그들에게 벌을 내리기 위해 보낸 것이 아니다. 이들은 자기에게 맞는 곳을 찾다가 지옥에서 나오는 욕정과 증오의 기운을 느끼고 동조한 나머지 본인 스스로 그곳으로 향한 것이다. 이것을 지상의 사건에 비유해 보자. 도박꾼이나 정욕을 참지 못하는 자들은 도서관이나 책방에서는 아무런 기쁨도 못 느끼지만 도박장의 더

러운 분위기나 유곽의 음침한 환경에서는 삶의 기쁨을 느끼는 것과 같다고 하겠다.

스베덴보리의 지옥 묘사는 섬뜩하지만 일리 있는 장면이 많다. 그에 따르면 지옥에는 불, 연기 혹은 안개, 그을음, 검은 구름 등 기분 나쁜 것들만 있는데 이것들은 모두 우리 내면의 감정과 상응하는 것이다. 어떻게 상응한다는 것일까? 그에 대한 스베덴보리의 설명이 매우 구체적이다. 불꽃은 자기만 생각하는 마음이 활활 타거나 미움과 복수에 찬 마음이 형상화된 것이고, 연기·안개 등은 자기애에서 파생되는 거짓이 형상화된 것이다. 이런 것들은 모두 영혼들이 지니고 있는 부정적인 감정이 발현된 것이다. 그래서 이런 마음 상태가 아닌 사람은 이곳에 가고 싶어도 갈 수 없다. 진동수가 다르니 접근 자체가 불가능한 것이다. 대신 이곳에 살고 있는 영혼들은 서로 진동수가 비슷하고 같은 카르마를 지니고 있기 때문에 협심해서 이런 외부 세계를 만들어 내는 것이다.

그 밖에도 스베덴보리의 설명에는 지옥의 다양한 모습이 등장한다. 예를 들어 폐허가 된 집이 있는데, 그곳에는 악령이 살고 있는가 하면, 조금 나은 지옥에는 너절한 판잣집이 늘어서 있고 주민들은 싸움만 하고 있다고 했다. 또 어떤 데에는 창녀들만 있고 더러운 배설물이 넘친단다. 그런가 하면, 아주 지독한 지옥에는 인간은 아예 없고 숲에는 악령과 맹수만 으르렁대고 있으며, 또 풀 하나 없는 사막만 있는 데도 있다고 한다. 지옥의 모습은 이렇게 다양하기 이를 데

없는데 이것들은 객관적으로 존재하는 것이 아니고 그곳에 사는 영들이 사념으로 만들어 낸 합작품이라는 것만 이해하면 된다.

이와 비슷한 이야기들은 다른 데서도 발견된다. 비근한 예로 로빈 윌리암스가 주연한 「천국보다 아름다운」이라는 영화를 보면, 로빈은 차 사고로 죽어 이미 영계에 가 있는데 그의 처가 슬픔을 참지 못하고 자살을 했다. 그 소식을 들은 로빈이 어렵게 찾아가 보니 처는 아주 어두컴컴한 방에 갇혀서 자신이 죽었는지도 모르고 지내고 있었다. 자살한 사람들은 스스로를 어둠 속으로 던진 것이니 이렇게 어두운 곳을 만들어 스스로를 가두었을 것이다(자살한 사람들은 환생하면 아주 외로운 환경 속에 태어나는데 이 역시 스스로를 외롭게 만들었기 때문이란다). 또 어떤 영혼은 아주 추운 지역에서 거주하게 되는데 이런 영혼은 생전에 주위의 사람들에게 차갑고 이기적으로 대했기 때문이라고 한다. 다른 사람에게 추운 기운을 선사했으니 스스로 그런 곳에서 고생하게 되는 것이다. 이런 사람들의 마음은 차갑기 이를 데 없을 텐데 평소에 자주 품던 마음이 밖으로 표현된 것이다. 불교에서는 이런 지옥을 한빙 지옥이라고 한다. 이와 같이 동서가 다르고 시대가 달라도 지옥에 대한 묘사는 통하는 바가 있다.

14

영계의
2차 영역은
어떻게 이루어지는가?

이야기의 핵심은 이 지상이 영계에서 영계로 가는 도중에 거쳐 가는 곳이지 영원히 머무는 곳은 아니라는 것이다.
다시 언급하겠지만 이곳은 우리가 배우러 온 곳이지 물질을 탐하고 헛된 명예나 좇으러 온 곳이 아니다.

앞에서 나는 예수의 말을 빌려 2차 영역이 무수한 집(mansion)으로 구성되어 있다고 했다. 이 집을 (작은) 사회라고 해도 좋은데 이 점에 대해서도 신비가들의 주장은 대부분 상통한다. 앞에서 지옥에 대해 살펴보았으니 이번에는 반대로 천계를 중심으로 살펴볼까 한다(사실 지옥이나 천당은 진동수의 차이 때문에 생기는 것이지 서로 반대되는 것은 아니다). 여기서도 스베덴보리의 견해를 주로 반영하지만 다스칼로스나 마르티누스의 의견도 대부분 일치한다.

이들의 주장에 따르면 2차 영역은 각 영혼의 내면에 스며들어 있는 선이나 사랑의 차이에 따라 유사한 영혼들이 모여 있다고 한다. 스베덴보리는 이에 대해 영계에서의 거리 개념은 물리적인 것이 아니라 내면에 있는 사랑의 상태에 따라 결정된다고 주장했다. 쉽게 이야기해서 유유상종이라는 것이다. 그래서 이곳에서는 자신이 지니고 있는 선이나 사랑과 비슷한 수준인 영혼을 만나면 이전에 만난 적이 없어도 금세 서로를 잘 알 수 있다고 스베덴보리는 전한다.

스베덴보리는 심지어 1차 영역에서 2차 영역으로 가는 모습까지 상세하게 적고 있다. 그에 따르면 각 영혼들은 2차 영역으로 안내하는 영이 있다. 그래서 각 영혼들이 이들의 인도로 1차 영역에서 자신이 가게 될 공동체(2차 영역)로 인계되면 그곳에 있는 영들이 아주 기뻐한다고 한다. 그들이 기뻐하는 것은 진동수가 일치하는 영이 오기 때문이리라. 그의 설명은 하도 생생해 실제로 그곳에 갔다 온 것 같은 생각이 든다. 직접 가 본 사람이 아니면 그렇게 세밀하게 이야기 할 수 없기 때문이다.

다스칼로스도 용어는 다르지만 비슷한 이야기를 한다. 그에 따르면 이 2차 영역에는 다양한 종교의 교파를 위한 '국지적인 천국(local paradises)'이나 '성스러운 도시들(holy cities)'이 있다. 앞에서 말한 공동체를 다스칼로스는 이렇게 언급한 것이다. 이것을 잘못 생각하면 죽어서도 같은 종교를 믿는 사람들만 가는 곳이 있다는 식으로 볼 수도 있겠다. 그러나 그보다는 비슷한 성향을 가진 사람들이 모여 있는 곳이라고 보는 게 타당하겠다.

그런데 여기에도 등급이 없을 수 없다. 영혼의 등급이 있다는 것인데 이 점에 대해서는 다음에 살펴보기로 하고 여기서는 먼저 공동체의 등급에 대해 보자. 이 등급은 수직적으로도 볼 수 있고 수평적으로도 볼 수 있다. 2차 영역은 어떻게 나누느냐에 따라 얼마든지 수직적으로 세분화될 수 있다. 따라서 숫자는 중요한 것이 아니다. 예를 들어 스베덴보리는 유대교의 전통을 따라 (천계를) 3층으로 나누었다. 그런데 이 각 층은 서로 소통할 수 없다. 특히 낮은 층의 영혼은 높은 층으로 갈 수 없다. 이것은 우리가 앞에서 본 대로 낮은 층의 영혼들은 높은 층의 강한 빛과 열을 감당할 수 없기 때문이다. 그는 더 구체적으로, 아래층에 있는 영혼은 윗층의 천(의 영혼)을 정확하게 볼 수 없고 다만 흰 구름이나 불꽃이 있는 것처럼만 볼 수 있는데 특별한 은총이 있는 경우에만 보는 것이 가능하다고 한다.

그런가 하면 같은 천계(혹은 하계)에 있다고 해도 다 같은 수준에 있는 것이 아니다. 여기서도 중심에 있느냐 변두리에 있느냐에 따라 그 수준에서 차이가 생긴다. 물론 중앙 쪽에 위치한 영혼들이 가장 수준이 높고 바깥쪽으로 빠질수록 수준이 떨어진다. 그는 친절하게 비유를 통해 이것은 마치 빛이 그 중심에서 멀어지면 밝기가 감소되어 가는 것과 같다고 설명했다. 그런데 이런 설명들은 지상 물질의 3차원적 개념으로는 이해하기가 힘들다. 왜냐하면 물질계에서는 물질이 확실한 공간을 차지하고 있지만 영계에는 점유할 수 있는 공간이 존재하지 않기 때문이다. 이른바 영계의 에너지는 공간이 필요로 하지 않는다.

이보다 더 구체적인 설명은 뉴턴에게서 발견된다. 그런데 너무 구체적이라 오히려 믿을 수가 없을 지경이다. 그에 따르면, 아니 정확히 말하면 그가 최면한 내담자의 증언들에 따르면 2차 영역은 1차 집단과 2차 집단이라는 두 수준의 집단으로 되어 있다. 가장 작은 집단은 우리가 원래 소속되어 있던 1차 집단이다. 1차 집단이 많이 모이면 2차 집단이 된다. 어떤 내담자는 1차 집단이 있는 모습을 '연못에 가득 찬 수련(水蓮)의 잎 같다.'고 술회하기도 했다. 필자가 중국인 제자를 역행최면 했을 때에도 이와 비슷한 이야기를 접할 수 있었다. 그 제자도 최면 상태에서 '영계에 있을 때 보니 주위에 영들이 많긴

한데 서로에게 별 관심이 없이 그냥 있다.'고 설명했다.

그런데 뉴턴은 한 걸음 더 나아가 이 영역에 있는 영혼들의 숫자까지 제시한다. 1차 집단에는 3~25명이 있는데 평균으로 하면 15명 정도라고 한다. 그런 1차 집단이 모여 있는 2차 집단은 천 명 미만으로 구성되어 있다고 하는데, 1차든 2차든 집단 간에는 접촉이 별로 없다고 한다. 이렇게 서로 관심이 없다는 것은 필자가 제자에게 시행한 최면에서도 확인한 바 있다. 그러나 1차 집단 안에 있는 영혼들은 아주 친한 사이로 계속해서 교류를 한다. 뉴턴은 이 1차 집단에 있는 영혼들은 서로에게 소울메이트가 되어 몇 번의 생을 거듭하면서 계속해서 만난다고 말한다. 그러나 이 유대가 언제 시작해서 언제까지 지속되는지에 대해서는 더 이상의 언급이 없었다. 이런 질문은 원래 대답하기가 쉽지 않은 것이다.

그런데 이 소울메이트들이 지상으로 환생하러 갈 때 하는 인사가 재미있다. '(지상에서 삶을 다한 뒤에) 여기서 다시 만나자.'라고 하니 말이다. '죽은 뒤에 다시 보자.'는 것이다. 하기야 그들에게는 이게 더 적합한 인사일 것이다. 왜냐하면 이곳 2차 영역이 베이스캠프이기 때문이다. 지상에서 살아가는 우리들은 이 지상이 중심이라고 생각하지만 사실은 그 반대가 맞는 이야기이다. 그리고 뉴턴의 내담자들은 지상 생활을 무사히(?) 마치고 돌아온 영혼들이 1차 집단에서 다시 만나면 마치 고교 동창생을 오랜만에 만나는 것 같아 말할 수 없이 반가워하고 좋아한다고 전한다.

다음 질문은 '소울메이트들이 환생할 때에 서로가 어떤 인연으로 만나는가.'인데 이 점에 대해서는 앞에서 잠시 논했다. 그런데 예상과는 달리 대체로 이들은 지상에서 형제자매 같은 친족이나 친구로서 인연을 맺지 부모 자식으로는 태어나지 않는다고 한다. 이 점은 한국 같은 유교 국가 사람들로서는 이해하기 힘들다. 이것이 문화적인 차이인지 정말로 그런지는 알 수 없지만, 뉴턴의 입장에 서서 말하자면 부모와의 연은 그들이 타계하면 끝나는 데 비해 형제, 친구, 부부는 그 관계가 좀 더 오래 지속되기 때문이라고 이해할 수 있을 것이다.

앞의 설명에서 믿기 어려운 점이 많이 있겠지만 이것은 어디까지나 역행최면을 통해서 나온 것이니 100% 신빙성이 있는 것은 아니다. 그러나 이야기의 핵심은 이 지상이 영계에서 영계로 가는 도중에 거쳐 가는 곳이지 영원히 머무는 곳은 아니라는 것이다. 다시 언급하겠지만 이곳은 우리가 배우러 온 곳이지 물질을 탐하고 헛된 명예나 좇으러 온 곳이 아니다. 그러니 공연히 어리석은 짓 하지 말고 한 걸음 뒤로 물러서서 숙고하고 이 삶을 제대로 살아가야 할 것이다.

15

영혼에도
등급이
있다?

무엇을 가지고 영혼의 높낮이를 판명할 수 있는 걸까?
이것은 우리의 지혜 수준과 관계된 것이다.
즉 해당 영혼이 인간의 의식이나 생사 원리, 그리고 우주에 대한 깊은 통찰력
을 제대로 갖고 있느냐의 여부로 그 수준을 판단할 수 있다.

사람은 물론 근본적으로 평등하지만 2차적인 조건들, 특히 정신적인 성숙도 면에서 차이가 있게 마련이다. 이 차이는 각 영혼들이 오랜 세월 수없이 닦아 온 결과에서 비롯된 것이다. '공짜 점심은 없다.'라는 말은 여기에도 해당된다. '누구는 태어날 때부터 잘났는데 나는 무엇인가.'라는 질문은 자신이 수없이 많은 생을 거쳐 왔다고 생각하면 쉽게 그 답을 찾을 수 있는 질문이다. 지금의 자신은 스스로가 여러 생에 걸쳐 일구어 온 결과일 뿐이다. 이렇게 생각하면 영혼에도 등급이 있다는 게 전혀 이상하지 않을 것이다.

　　그러면 영혼의 등급을 어떻게 나눌 수 있을까? 이에 대해 뉴턴은 영혼이 지닌 색깔로 나누고 있는데(그런 것을 어떻게 내담자들의 최면을 통해서 알게 되었는지 정녕 신기하기만 하다) 그 색깔들을 보면 결국 인도 종교에서 말하는 차크라의 색깔들과 일치하는 것을 알 수 있다. 차크라(chakra)는 '바퀴'라는 뜻인데 아주 간단하게 정의해서 우리 몸에 있는 일곱 개의 정신적인 중심을 말한다(이에 비해 중국에서는 몸의 중심을 상중하의 삼(三)단전으로 나누고 있다). 이 일곱 개의 차크라는 우리의 원시적인 욕망부터 가장 고결한 깨달음의 상태까지 각각의 기능을 담당하는 중심이다. 예를 들어 눈썹 사이에 있는 여섯 번째 아즈나 차크라는 (최고의) 지혜를 담당하는데, 이것이 완전히 열려 활발하게 움직이는 사람은 (무엇이든 생각하면 그 사건이나 사물에 대해 알게 되는) 초(超) 지혜를 갖게 된다.*

이 차크라들은 각각 고유의 색깔을 갖고 있는데 이 색깔은 무지개의 그것과 정확히 일치한다. 1번 차크라(가랑이 사이)는 빨간 색깔로 상징되고 하나씩 올라가면서 각각 주황, 노랑, 초록, 파랑, 남색(藍色-코발트색에 가까움), 보라의 색깔을 띠게 된다. 보라색을 띠는 일곱 번째 차크라는 정수리에 위치하는데 보통 이 차크라가 완전히 열려야 깨달은 것이라고 한다. 보라색은 모든 색깔의 완성이라고 여겨져 중국에서는 황제의 색깔로 되어 있고 불교에서는 붓다의 몸에서 보라색 광휘가 난다고 알려져 있다. 과거의 인류들도 이 보라색의 의미를 알고 있었던 것이다.

뉴턴이 제시한 영혼의 색깔은 차크라의 그것과 대체로 일치하고 있다. 그가 나눈 영혼의 단계와 색깔들을 간략하게 보면, 1단계는 흰빛 혹은 핑크빛 나는 회색이고, 2단계는 흰빛·붉은빛·노랑이 섞여 있고, 3단계는 노랑과 초록빛 도는 금빛이고, 4단계는 초록빛 위주이고, 5단계는 밝은 푸른색이나 짙은 파랑이고, 6단계로 가면 자줏빛이

---

* 깨달은 사람은 1번 차크라(회음혈에 위치)부터 7번 스하스라('왕관'을 의미) 차크라(정수리인 백회혈에 위치)까지 완전히 열리고 이 차크라들을 따라 움직이는 에너지(쿤달리니)를 자기가 자유자재로 부릴 수 있는 사람이라 할 수 있다.

돌기 시작하다가 6단계보다 높은 단계로 가면 자줏빛만 나게 된다. 사실 뉴턴은 자신의 책에서 이보다 훨씬 복잡하게 설명하고 있다. 예를 들어 하양이나 노랑, 푸른빛은 영혼의 성장을 나타낸다느니 흰빛은 후광 효과를 준다느니 하는 것이 그것인데 필자는 이런 설명은 너무 번쇄하다 생각해 개략적으로 소개하였다. 여기서는 그저 영혼들의 색깔과 무지개의 색깔 구성이 유사하다는 것만 알면 된다.

그러면 무엇을 가지고 영혼의 높낮이를 판명할 수 있는 걸까? 이것은 우리의 지혜 수준과 관계된 것이다. 즉 해당 영혼이 인간의 의식이나 생사 원리, 그리고 우주에 대한 깊은 통찰력을 제대로 갖고 있느냐의 여부로 그 수준을 판단할 수 있다. 그런데 이런 중요한 주제에 대해 심오한 이해를 가진 사람은 매우 드물며, 있어도 보통 사람들은 알아보기가 어렵다. 게다가 이것은 인간 마음속의 일이라 헤아리기 힘들다. 따라서 우리는 바깥으로 드러나는 것을 가지고 단편적으로 판단할 수밖에 없다. 이때 가장 좋은 외적인 기준은 영혼이 생각하는 사랑의 범위이다. 가장 밑바닥에 있는 영혼은 자기밖에 모르는 영혼을 말한다. 그러나 사람은 성숙할수록 그 사랑이 미치는 범위가 넓어진다. 그 범위가 사회, 국가, 온 인류와 같이 점점 큰 범위에 미칠수록 성숙한 영혼이라 할 수 있다. 궁극적으로 우주와 자신을 동일시하는 수준이 되면 깨달음의 경지에 이르렀다고 할 수 있다.

여기서 생각해 볼 것은 '지금 지구에는 어떤 급의 영혼이 가장 많을까? 하는 질문이다. 뉴턴은 자신의 내담자 중에 6단계와 그 이상

되는 사람은 없었고 가장 높았던 사람이 5단계였다고 하였다. 그런데 그의 주장에 따르면 5단계 이상에 속한 영혼들은 지상에 오지 않아도 되는 영혼이라고 한다. 이 지상에 태어나 수십 년 동안 산다는 것은 무엇인가 배울 일이 많아서 그런 것인데, 배울 만큼 배운 수준 높은 영혼들은 굳이 이 지상에 태어날 필요가 없다. 이미 많은 것을 아는데 이 힘겨운 물질계에 올 이유가 없는 것이다. 사정이 이렇다면 지상에 있는 우리들은 그다지 수준이 높은 영혼이 아닌 것이 된다.

뉴턴은 더 나아가 자기 나름대로 지금 지구상에 사는 영혼들의 등급을 백분율로 계산하는 시도를 했다. 그 결과가 시사하는 바가 있어 한번 참고하면 좋겠다. 뉴턴에 따르면 지금 지구에는 1~2단계에 속하는 미숙한 영혼들이 73%로 대다수를 이루어 살고 있다. 단계가 올라갈수록 그 점유율은 계속 줄어드는데 3단계가 17%, 4단계가 9%이고 5단계는 1%밖에 안 된다. 숫자가 너무 구체적이라 선뜻 믿어지지 않지만 지구의 현실을 보면 뉴턴의 수치가 그다지 틀리지 않았다는 생각이 든다.

지금까지의 인간 역사를 보면 참담한 사건으로 점철된 것을 알 수 있는데 그것은 지금도 마찬가지이다. 겉으로는 사랑이니 용서이니 정의이니 하는 고결한 덕목을 외치고 있지만 실제로 인간 사회에 판치고 있는 것은 물질(돈 등)에 대한 맹목적인 추구와 무력 경쟁, 혹은 자기가 믿는 것(종교, 이데올로기 등)에 대한 맹신만이 있을 뿐이다. 국가 간의 다툼을 보아도, 정치가들은 대의를 위한다고 하지만 결국은 이해(국익)에 의한 선택일 뿐이다. 개인적인 덕목으로는 사랑이나 용서를 크게 치지만 국가 간에는 절대로 이런 덕목을 이야기하지 않는다. 그리고 자기 나라의 국익을 위해 다른 나라 사람들을 해치는 행위는 나쁜 것이 아니라 외려 애국적이라고 칭송받는다.

    뉴턴은 흥미롭게도 지금 지구상에는 5단계에 속하는 영혼이 불과 몇십만 명밖에 되지 않는다고 주장한다. 그런데 세계에서 일어나는 일들을 보면 이 숫자도 많은 것 아닌가 하는 생각이 든다. 뉴턴의 내담자 중에는 3만 년 동안 계속해서 1~2단계를 거듭 왔다 갔다 하면서 무지 속에 살고 있는 사람도 있었다고 하는데 우리의 모습을 보는 것 같다.

16

지상에
돌아오지 않아도 되는
영혼은 누구인가?

그러나 환생을 안 하는 경지는 범인들이 쉽게 넘볼 수 있는 경지가 아니다.
욕망이 거의 꺼진 다음에야 이런 경지가 가능한 것인데
욕정과 욕심을 어쩌지 못하고 외려 활활 태우는 데 아단인 우리가 환생하지
않는 경지를 꿈꾸는 것은 그다지 온당한 것 같지 않다.

앞에서 우리는 영혼의 등급에 대해 이야기했다. 그런데 이런 이야기를 할 때마다 나오는 주제가 있다. 환생이 그것이다. 이 주제는 대단히 중요한 것이라 곧 상세하게 다룰 것이지만 그 전에 영혼의 등급과 관련해 다소 미진했던 내용을 보충 설명하고자 한다.

특히 이 장에서 주목할 주제는 이 세상에 다시 태어나지 않아도 되는 영혼에 대한 것이다. 앞에서 본 것처럼 많은 정보에 따르면 수준이 아주 높은 영혼들은 다시 지상에 태어나지 않아도 된다. 이런 식의 설명은 지상에서의 삶만이 존재한다고 생각하는 사람들에게는 의외로 들릴 것이다. 그뿐만이 아니라 지상에서의 삶을 폄하한다는 생각에 거부감을 가질 수도 있을 것이다. 이런 반응을 이해 못할 바는 아니다. 하지만 지상의 삶은 육체를 유지해야 하고 에고(ego)가 좌충우돌하는 등 어떻게 살든 매우 힘든 것이 사실이다.

지상에서 우리는 대부분 강한 자의식으로 무장하고 있어 다른 사람들과 자주 충돌하면서 아주 힘든 인간관계를 만들어 낸다. 또 다양한 사람들을 만나 뜻하지 않은 일을 당해 큰 고통을 겪는 경우도 많다. 또한 육체를 유지하기 위해 밤낮으로 먹어야 하고, 그것을 소화해서 배설해야 하고, 입고 자야 하는 등 육체는 인간에게 여러 가지

일을 부과한다. 그런 일들을 제대로 하지 않으면 육체를 보존할 수도 없으니 하지 않을 수도 없는 일이다.

그래서 불교의 승려들은 소유를 최소한으로 하고 육체에 신경 쓰지 않으려고 많은 노력을 기울인다. 승려들이 삭발하는 것도 그런 예 중 하나이다. 머리 가꾸는 데에도 엄청난 노력이 들고 신경이 쓰이기 때문에 아예 잘라 버리는 것이다.

어떻든 이런저런 이유 때문에 불교 교리의 첫 번째 명제가 '삶은 괴롭다'이고 이 괴로움을 구체적으로 4고(苦) 내지는 8고(苦)로 나누어 제시하는 것 아니겠는가? 불교의 목적을 소극적으로 표현하면 '이 지상에 태어나지 않는 것'이라 할 수 있다. 그래서 붓다도 깨친 뒤의 일성이 '나는 이제 이 생에 다시 태어나지 않아도 된다.'는 말이었을 것이다. 이렇게 보면 이런 지상에 태어나지 않는 것은 대단히 행복한 일이 된다.

그러나 그렇다고 해서 지상 세계가 필요없다는 것은 아니다. 지상에서 배울 게 남아 있는 영혼에게는 이 지상이 아주 중요한 곳이다. 이 사정에 대해서는 앞에서도 잠시 언급했고 나중에 좀 더 자세히 보겠지만 여기서 다룰 내용은 앞에서 언급한 것처럼 지상에 태어나지 않아도 되는 영혼에 대해서이다.

지상에 태어나지 않아도 되는, 다시 말해 환생이 더 이상 필요없는 영혼에 대해서는 이미 불교 교리에 상세하게 나와 있다. 불교의 초기 경전에는 깨달은 성인에게도 등급이 있다고 되어 있다. 그중에 아나함(범어로는 '아나가민')이라는 이름의 성인이 있는데 한자로는 불환(不還) 혹은 불래(不來)라고 한다. 그 뜻은 말 그대로 '(지상에) 돌아오지 않는다'는 것이다. 불교 용어로 하면 이 고통 많은(오죽 하면 고통의 바다, 苦海라고 했겠는가) 욕계(지상)에 더 이상 오지 않고 미세한 의식의 영역인 색계 혹은 무색계에 다시 태어나 그곳에서 수도를 계속해 마지막 목표인 아라한(깨달은 이)의 경지에 이르는 사람이 아나함이다.

재미있는 것은 아나함 바로 밑 등급에 있는 사다함(범어로는 '사카다가미')이라는 성인이다. 사다함이라는 이름은 우리에게 매우 익숙하다. 신라의 화랑 중에 대가야를 정벌할 때 큰 공을 세운 사람의 이름이 바로 사다함이기 때문이다. 사다함은 원래 지상에 한 번만 더 환생하면 되는 성인을 말한다. 그래서 한자로는 일왕/래(一往/來)라고 한다. 이 등급에 속한 사람은 지상에 한 번만 더 오면 자신의 업보를 깨끗하게 정리할 수 있다. 이 경지도 대단한 경지이다. 앞으로 몇 생을 더 거듭해서 환생을 해야 할지 모르는 우리가 보면 영원히 오르지 못할 경지처럼 보인다.

이와 같은 이야기를 조금 다른 맥락에서 하는 학자도 있었다. 이 사람은 앞에서 소개한 『After We Die, What Then?』의 저자 조지 미크이다. 그는 이 책에서 영계를 '아스트랄계', '멘탈계', '천계' 등으로 나누고 환생하는 사람은 죽어서 아스트랄계로 간다고 주장했다. 이 층의 하늘이 가장 낮기 때문이다. 만일 공부를 많이 해서 아스트랄계보다 위에 있는 멘탈계에서 태어나게 되면 그 영혼은 다시 지상에 환

생하지 않아도 된다. 영혼은 그곳에서 거주하면서 이 고통스러운 지상에 다시 태어나지 않고 계속 공부해 더 높은 곳으로 가면 된다.

그런데 미크의 설명을 불교의 것과 비교해 보면 내용은 비슷하지만 미크의 사고 체계에서는 환생을 안 하는 것이 너무 쉽게 처리되고 있다는 인상을 받는다. 불교에서는 아나함 같은 깨달음 직전의 성자가 되어야 간신히 환생을 하지 않을 수 있는데 미크의 설명에서는 비교적 쉽게 환생을 하지 않을 수 있는 것으로 나오기 때문이다. 반면 뉴턴의 설명에서는 환생을 안 해도 되는 5단계에 속한 영혼이 지금 지구상에 수십만 명에 지나지 않는다고 하니 이 단계의 영혼들도 결코 낮은 수준은 아닌 것을 알 수 있다.

이와 같이 조금씩 다른 점은 있지만 각각의 설명들은 우리 영혼이 발전을 거듭하면 환생의 고리를 벗어날 수 있다는 데에는 같은 목소리를 내고 있다. 그러나 환생을 안 하는 경지는 범인들이 쉽게 넘볼 수 있는 경지가 아니다. 욕망이 거의 꺼진 다음에야 이런 경지가 가능한 것인데 욕정과 욕심을 어쩌지 못하고 외려 활활 태우는 데 야단인 우리가 환생하지 않는 경지를 꿈꾸는 것은 그다지 온당한 것 같지 않다. 그보다는 어떻게든 노력을 해서 환생하는 횟수를 줄여 가는 것을 목표로 하는 것이 더 현실적이라는 생각이다.

III

환생 준비하기

카르마 법칙은
가해자가 피해를 입는 환경을 만들어 내 가해자로 하여금
우주의 법칙을 어기면 어떤 과보가 있는지 보여주는 것이다.
이것은 가해자에게 벌을 주는 것이 아니라 가르침을 주는 것이다.

17

2차 영역에서 우리는 무엇을 할까?

2차 영역에 온 영들은 여러 일을 하겠지만
앞서 말한 것처럼 많은 경우 전생을 복습하고 환생 준비를 한다고 한다.
1차 영역에서도 전생 복습을 하지만 그 대상은 직전의 생인 경우가 많은 반면
이곳에서는 직전 생을 포함해 앞으로 환생을 계획하는 데에 참조할 만한 모든
전생들을 모두 복습하는 것 같다.

이제 영혼은 베이스캠프인 2차 영역에 도달했다. 다스칼로스나 마르티누스에 따르면 영혼은 이곳에서 영적인 관심을 발전시킨다. 1차 영역에서는 아직 지상의 기억이 많이 남아 있어 물질(영적 물질이지만)을 조정하는 데에만 관심이 있다가 이곳에 오면 영적인 데에 관심을 갖기 시작한다는 것이다. 그러나 개인적인 생각으로는 그런 영혼이 많을 것 같지는 않다. 왜냐하면 1~2단계(1차 영역)에 속한 영혼들은 그다지 각성되어 있지 않기 때문에 그렇다는 것이다. 이렇게 저급한 단계에 있는 영혼들은 여기서도 별생각 없이 있다가 '다시 지상으로 내려가라.'는 명령(?)을 받으면 카르마의 힘에 이끌려 그저 환생의 길로 갈 것이다.

반면에 2차 영역의 영혼들은 극히 좋은 환경에서 충분히 쉬면서 자신의 관심사를 찾아 공부하고 앞으로 어떻게 할 것인가에 대해 계획을 짤 것이다. 특히 자신의 삶에 대해 많은 생각을 하는 영혼이라면 다음 생을 어떻게 디자인할 것인가를 깊이 고심할 것이다. 이렇게 하기 위해서는 자신이 지나온 많은 전생을 돌아보며 점검하고 그에 의거해서 앞으로 어떻게 할 것인지 계획을 세워야 한다.

그런데 이러한 과정의 순서에 대해서 연구자들의 의견이 조금 엇갈린다. 이 과정을 2차 영역에 들어오기 전에 거친다고 주장하는 사람이 있는가 하면 2차 영역에 와서 한다고 주장하는 사람도 있기 때문이다. 이에 대해 확실한 것은 알 길이 없다. 게다가 이런 일은 얼마든지 개인차가 있을 수 있다. 따라서 그 진위는 알기 어렵지만 중요한 것은 영혼이 이런 과정을 거친다는 사실이다.

다스칼로스나 마르티누스에 따르면 영혼이 이런 일을 수행할 때 도와주는 높은 수준의 영혼이 있다고 한다. 이 영혼에 대한 언급은 이 신비가들에게서만 나온 것이 아니라 전생 역행최면을 받은 내담자들의 입에서도 나온다(뉴턴의 경우처럼). 물론 누구에게서나 다 같은 증언이 나왔던 것은 아니다. 고급령을 만났다는 영혼도 있고 그렇지 않은 영혼도 있으니 말이다. 이 고급령들은 지구상에 다시 환생하지 않아도 되는 높은 수준의 영이라고 하는데 대체 이들이 하는 일이 무엇일까? 추정컨대 이들은 많은 영들의 안내자 역할을 하는 것 같다. 2차 영역에 온 영들은 여러 일을 하겠지만 앞서 말한 것처럼 많은 경우 전생을 복습하고 환생 준비를 한다고 한다. 1차 영역에서도 전생 복습을 하지만 그 대상은 직전의 생인 경우가 많은 반면 이곳에서는 직전 생을 포함해 앞으로 환생을 계획하는 데에 참조할 만한 모든 전생들을 모두 복습하는 것 같다.

뉴턴의 설명은 더 구체적이다. 그에 따르면 각개 영들은 상담가 역할을 맡은 고급령들을 만나러 가야 하는데 그 영들은 높은 곳에 앉아 있다고 한다. 각 영혼들은 그곳에서 자신을 안내한 영과 함께 재판정에서 하는 것과 비슷한 일을 한다. 즉 이 고급령들이 각개 영의 전생을 조사하고 문답을 통해 그에게 가장 적합한 해결책을 준다고 하는데, 뉴턴의 책에는 이 과정이 이보다 훨씬 복잡하고 자세하게 묘사되어 있다. 리뷰라는 과정은 매우 중요한 의미를 갖고 있으니 그것에 대해서 보기로 하자.

사실 전생 리뷰는 이전 단계에서도 있었다. 그러면 여기서 하는 리뷰는 이전 것과 어떻게 다를까? 예를 들어 근사체험을 한 사람들도 빛의 존재와 만났을 때 지나온 생을 살펴보는 전생 리뷰를 한다는데 이런 것과 어떻게 다르냐는 것이다. 추정컨대 이곳에서 하는 전생 리뷰의 첫 번째 주안점은 직전 생에서 해야 할 과업을 잘 이행했느냐 확인하는 일일 것이다.

나중에 다시 보겠지만 우리는 카르마의 원리에 따라 각 생을 받을 때 일정한 과업을 가지고 태어난다. 이것은 우리가 지속적으로 발전해 나아가는 필요한 성장을 이루기 위한 것으로 이 과업은 사람마다 다르기 때문에 일률적으로 이야기할 수는 없다. 그런데 우리는 이 숙제를 알지 못한 상태로 태어나기 때문에 일생을 허송할 수 있다. 따라서 우리는 반드시 이 과업을 찾아서 수행하고 가야 한다. 그렇지 않으면 본인의 손해가 막심하다.

어찌 됐든 간에 영혼은 이곳에서 고급령들과 함께 직전 생에서 카르마가 지정한 과업을 제대로 수행하고 왔는지를 집중적으로 점검한다. 사실 이것은 대단히 중요한 작업이다. 마치 학교 공부를 할 때에 이전 진도가 얼마나 나갔는가에 따라 앞으로의 방향을 정하는 것과 같다. 그런데 이것만으로는 충분하지 않다. 우리에게는 직전 생만 있는 것이 아니라 그 이전에도 많은 전생이 있었다. 그리고 이 많은 전생들은 카르마로 복잡하게 얽혀 있다. 직전 생에서 일어난 일들은 그냥 우연히 개별적으로 일어난 것이 아니라 과거의 여러 생과 얽혀 있다. 그 때문에 직전 생의 카르마를 제대로 알려면 그 이전의 생들에 대해서도 살펴보지 않으면 안 된다. 마르티누스는 이때 영혼이 다음 생과 관계되는 몇 개의 전생을 다시 체험한다고 전한다.

이렇게 전생들을 리뷰하고 다시 체험하는 이유는 무엇일까? 가장 중요한 목적인 다음 생을 디자인하기 위해서이다. 이것을 다 검토해야 다음 생에 어떤 환경에서 태어나 어떻게 살아야 하는지에 대한 구체적인 그림이 나온다.

그런데 집단 최면으로 인간의 환생 문제를 깊게 연구한 웜바흐(Helen Wambach, 1925-1986)는 조금 다른 의견을 제시한다. 그에 따르면 영혼들이 고급령과 더불어 전생 리뷰를 하기보다는 일방적으로 이 고급령들의 조언을 듣고 따른다고 한다. 특히 환생하는 문제를 결정할 때에 고급령들의 의견을 주로 따른다고 한다(나는 개인적으로 이 의견에 동조한다).

이제 우리는 가장 중요한 문제인 인간의 환생 문제에 다다랐다. 지금까지의 이야기해 온 바에 따르면 인간이 환생한다는 것은 지극히 당연한 것처럼 여겨진다. 그러나 이 명제를 쉽게 받아들이기 힘든 사람도 있을 것이다. 사후생의 존재도 믿기 어려운 판에 인간이 환생을 한다고 하니 미신처럼 느껴질 수도 있다는 것이다. 그런데 우리가 지금까지 살펴본 신비가들은 인간은 그 기원을 알 수 없는 때부터 수많은 환생을 거듭했다고 입을 모아 전하고 있다. 게다가 불교나 힌두교 같은 인도 계통의 세계종교에서는 환생 교리를 기본으로 삼고 있다. 그러니 환생 문제를 정면에서 규명할 필요가 있다고 생각한다.

18

우리는
정말
환생하는가?

원불교의 2대 교주인 정산의 한 제자가 근대 학문을 배우더니
윤회하는 것을 부정했다. 과학적이지 않다는 것이다.
그러자 정산은 우리가 윤회한다는 것을 알려면 정(定)의 상태에서 3개월 이상을
있은 다음에야 알 수 있는 일이지 지금과 같은 보통 의식 상태에서는
절대로 알 수 없다고 강조했다.

지금까지 살펴본 대로라면 우리가 환생한다는 것은 기정사실처럼 보인다. 서두에 나온 것처럼 죽은 뒤의 세상을 인정하는 것으로 시작해 여기까지 온 것이다. 단도직입적으로 질문하고 대답해 보자. '우리 인간은 환생(윤회)하는가?' 대답은 '그렇다.' 이다. 그러나 이것을 받아들이고 싶지 않은 사람은 받아들이지 않아도 전혀 문제없다. 이런 세상 너머의 소식에 개방적이려면 많은 공부가 필요하기 때문에, 아직 준비가 안 된 사람들은 섣불리 받아들이지 않는 것이 오히려 좋다.

사실 환생론 혹은 윤회론이 그리 생소한 이론은 아니다. 앞서 말한 대로 불교도나 힌두교도들이 수천 년 전부터 정통 교리로서 믿고 있었기 때문이다. 그러나 기존의 불교도들이 갖고 있는 일반적인 믿음은 오랜 세월을 거치면서 도그마화되어 그리 도움이 되지 않는다(가령 인간이 동물로도 환생한다는 불교의 속설은 사실과 거리가 멀다). 그에 비해 20세기에 들어오면서 서양에서 환생 교리를 주장하는 학자나 종교가(신비가)들이 부쩍 늘었다. 서양은 대체로 기독교를 신봉하고 있는데 기독교에는 환생 교리가 없음에도 불구하고 기독교 신비가들 가운데 많은 사람이 이 환생설을 주장하고 나왔다.

우리가 이 책에서 계속 인용해 온 다스칼로스나 마르티누스는 순

전한 기독교도임에도 불구하고 환생론을 적극적으로 주장했다. 반면 스베덴보리는 그 역시 신비가였지만 당시 기독교의 한계를 벗지 못했던지 환생론을 주장하지 않았다. 스베덴보리는 기독교 일색의 사회에 살아 동양 종교를 접할 기회가 없었을 것이다. 이것은 그의 시대적 한계라 할 수 있다. 그에 비해 다스칼로스는 스베덴보리처럼 영계를 제 집처럼 드나들면서 많은 사람에게 도움을 주었고 환생을 기본 가르침으로 설파했다. 그러나 그를 수호하고 많은 가르침을 주는 영혼은 기독교계 천사였다고 하니 그는 영락없는 기독교도이다.*

사실 기독교도로서 환생을 주장한 극적인 예는 미국의 에드가 케이시(Edgar Cayce, 1877-1945)이다. 케이시는 당시 대통령이었던 윌슨에게 불려갈 정도로 미국에서 최고의 예언자로 인정받던 사람이다. 이 사람은 자가 최면 상태에서 병에 걸린 내담자의 치료법을 알려 주어 많은 사람을 고친 것으로 유명하다. 그래서 그는 잠자는 예언자(The Sleeping Prophet)라 불린다. 그는 최면 상태에서 인간이 환생한다는 것을 발견하고 깜짝 놀랐다. 자신은 아주 독실한 기독교인인데 기독교는 윤회를 인정하지 않기 때문이다. 그는 걱정한 나머지 '신구약(성서)'을 처음부터 끝까지 섭렵했는데 다행스럽게도 인간은 윤회하지 않는다고 명시적으로 밝힌 문구가 보이지 않았다. 그 뒤로 그는 마음

---

* 그에 대해 자세히 알고 싶은 사람은 『지중해의 성자 다스칼로스 1, 2, 3』(정신세계사)를 참조하면 된다.

놓고 환생론을 가르치게 된다.

 그는 윤회 이론에 따라 인간의 병이 어떻게 발생하는가를 규명했다. 그가 자가 최면에 들어가 어떤 내담자의 병과 그것을 고칠 수 있는 약을 알아냈는데 그럼에도 불구하고 그 내담자의 병은 고쳐지지 않았다. 그때 그는 병이라는 것이 단순히 육체적인 문제로 생기는 것이 아니라 전생에서 윤리적으로 잘못을 저지른 결과로 생겼다는 것을 알았다. 따라서 그 악행에 대해 마음속 깊이 참회하지 않으면 치유할 수 없다는 것을 깨달았다. 그 뒤부터 그는 필요할 때마다 라이프 리딩(life reading), 즉 전생 점검하는 일을 수행했다. 이런 작업을 계속한 결과 그는 약 2,500개에 달하는 리딩 자료를 남겼고, 그것은 그의 사상을 연구하고 있는 미국 버지니아 소재의 연구소에 보관되어 있다. 그 뒤에 많은 연구자들이 이 자료들을 가지고 연구해서 좋은 결과물을 출간했고 그 가운데 몇몇은 한국어로도 번역되었다.*

 그 외에도 많은 연구자들이 역행최면을 통해 환생의 실재에 대해 밝혔는데 더 자세한 것은 이 책의 원서인 『죽음의 미래』를 보면 되겠다. 그 가운데 가장 괄목할 만한 연구가 이 책에서 계속해서 인용한 마이클 뉴턴의 연구 결과**이다. 그런데 뉴턴의 연구는 조금 주관적

---

 * 대표적인 책은 서미나라가 출간한 『윤회의 비밀(Many Mansions)』(속편 제목은 『윤회의 진실(The World Within)』) 같은 책이다.
 ** 『영혼들의 여행(Journey of Souls)』(나무생각)이라는 책과 그 속편인 『영혼들의 운명(Destiny of Souls)』이 대표적이다.

으로 흐르고 있어 과학적인 면에서 문제가 보인다. 반면 과학적으로 아주 건실한 연구자도 있다. 미국 버지니아 대학 의학부 교수직을 지냈던 이안 스티븐스가 그 사람으로, 이 주제에 대해 『전생을 기억하는 아이들』을 비롯해 주옥 같은 연구서를 많이 냈다. 그런데 안타깝게도 그의 책은 제대로 번역된 것이 하나도 없다. 그는 의학자, 과학자로서의 입장 때문인지 인간이 환생한다고 명확하게 주장하지는 않았다. 그러나 그의 연구를 보면 심정적으로는 환생을 100% 확신하고 있었음을 알 수 있다.

『죽음의 미래』에서는 이른바 채널링에 대한 책도 소개했지만 이 책들은 그다지 믿음이 가지 않는다.* 그 비근한 예로 최근에 이르러 갑자기 예수로부터 메시지를 받았다고 주장하는 채널러들이 몇몇 나왔는데 어떤 경우에는 같은 예수에게서 받았다는 내용이 상반되게 나오니 이걸 어떻게 믿을 수가 있겠는가? 백번 양보해 그 채널링되어 들어온 인격이 예수라고 치자. 그렇다면 2천 년 동안 가만히 있던 예수가 왜 이제 와서 나타나는지에 대한 해명이 필요하지 않을까? 진작 나타나 소모적인 교리 논쟁을 중지시켜 무고한 희생을 막아야 했던 것 아닌가 하는 생각이 든다. 시중에 범람하는 이런 종류의 책들에 대해서는 매우 조심해서 접근해야 한다. 이런 유의 책에는 옥석

---

* 그 가운데 대표적인 책이 게리 레너드의 『우주가 사라지다–기적 수업을 통해 배우는 예수의 진정한 가르침』(정신세계사)인데 과연 이 책의 내용을 있는 그대로 믿을 수 있을지는 의문이다.

이 섞여 있어 그것을 가려내는 일은 전문가에게도 쉽지 않은 일이기 때문이다.

환생과 관련해 꼭 언급하고 싶은 것은 앞에서도 간간히 인용한 조지 미크의 주장이다. 그는 앞에서 인용한 저서에서 '인간이 윤회한다는 것을 어떻게 믿을 수 있는가.' 하는 질문에 '지금의 평상 의식 상태로는 알 수 없고 대신에 깊은 의식 층으로 들어가면 상식처럼 명확하게 보일 것'이라고 답변하였다. 이 깊은 층이라는 것은 일반인들이 평상시에는 결코 다다를 수 없는 곳이다. 이곳에 가기 위해서는 오랜 기간 동안 수련을 해야 한다. 특히 강도 높은 명상이나 마음이 흔들리지 않는 상태에서 기도하는 수련을 오랜 세월 계속해야 획득할 수 있는 차원이다.

이러한 시각과 통할 수 있는 이야기가 있는데 이것은 우리 한국과 관계된 것이다. 원불교의 2대 교주인 정산의 한 제자가 근대 학문을 배우더니 윤회하는 것을 부정했다. 과학적이지 않다는 것이다. 그러자 정산은 우리가 윤회한다는 것을 알려면 정(定)의 상태에서 3개월 이상을 있은 다음에야 알 수 있는 일이지 지금과 같은 보통 의식 상태에서는 절대로 알 수 없다고 강조했다. 정이라는 것은 집중하여 정신이 흐트러짐이 없는 상태를 말한다. 그런 상태로 3개월씩 있는 것은 보통의 노력이 아니면 안 된다. 이 경지는 수십 년의 명상 수련이 있어야 가능하다. 그러니 윤회와 같은 비상(非常)한 교리를 알기 위해서는 스스로 많은 노력을 기울여야 한다.

19

환생은
왜
하는가?

그러나 확실한 것은 각각의 영혼이 어떤 사건을 겪든,
또 누구를 만나든 그것은 모두 그의 배움과 발전을 위해서라는 것이다.
그런 까닭에 이 영역에서 다음 생을 디자인할 때 자신은 결코 원하지 않는
결정을 해야 하는 경우도 있다.

만일 환생 교리를 받아들인다면 인간은 왜 환생을 하는지를 묻지 않을 수 없다. 뉴턴 같은 연구자들에 따르면 영혼은 환생하기 직전에 오리엔테이션 같은 것을 하는 장소로 간다고 한다. 길을 떠나는 일종의 터미널 같은 곳이라고 할까? 뉴턴은 이곳에서 영혼들이 지상에 내려가 어떤 사람들을 만나고 어떤 일을 겪는가를 최종 결정한다고 하는데 이때 혼자 결정하기보다는 동료나 고급령들과 상의해서 결정한다고 한다.

마르티누스는 각 영혼들이 이 일을 2차 영역에서 하고 지상으로 내려간다고 했는데 뉴턴은 같은 일을 지상으로 내려가기 직전에 한다고 한 것이다. 영계는 주관적인 곳이기 때문에 연구자마다 그 주장이 조금씩 다른 것도 충분히 생길 수 있는 일이다. 중요한 것은 개개의 영혼들이 환생하기 직전에 이런 결정을 한다는 것이다. 그러면 그 다음에 나올 수 있는 질문은 어떤 원리에 의거해서 다음 생을 디자인하느냐는 것이다. 즉 우리는 살면서 많은 사건을 겪게 되는데 이 사건들을 어떻게 결정하느냐는 것이다. 이 국면에서 카르마를 본격적으로 거론하지 않을 수 없다. 이 모든 일은 카르마의 법칙에 따라 돌아가기 때문이다. 이 법칙이 돌아가는 상세한 원리는 다음 장에서 다루기로 하고 여기서는 그 대강만 먼저 살펴보자.

지금까지 계속해서 이야기하던 것이지만 우리는 이 세상에 태어날 때 일정한 과제를 안고 태어난다. 이 과제는 사람마다 천차만별이기 때문에 일률적으로 무엇이라고 말할 수 없다. 그러나 확실한 것은 각각의 영혼이 어떤 사건을 겪든, 또 누구를 만나든 그것은 모두 그의 배움과 발전을 위해서라는 것이다. 그런 까닭에 이 영역에서 다음 생을 디자인할 때 자신은 결코 원하지 않는 결정을 해야 하는 경우도 있다. 사람들은 자기 삶을 자기가 자유롭게 결정할 것이라고 생각하겠지만 그렇지 않는 경우도 있다는 것이다. 아니 있는 정도가 아니라 한 사람이 한 생애에서 겪는 사건은 대부분 자유의지가 아니라 카르마에 따라 결정되는지도 모른다.

사람들이 자기 생을 정할 때 누구나 좋은 환경에 태어나고 싶겠지만 업보를 탕감하기 위해서는 자신이 원하던 것과는 전혀 다른 삶을 택해야 할 때도 있다. 그런 입장에서 보면 자기의 출생 환경이 형편없이 나쁘게 느껴질 수 있지만 사실은 자신에게 유리한 것이지 저주를 받은 것이 아니다.

예를 들어보자. 어떤 영혼이 다음 생의 부모를 정할 때 전생에서 자신이 가장 괴롭힌 사람을 택할 수밖에 없다면 어떨까? 새로운 생에서도 그 사람과는 원수지간이 될 것이 뻔하다. 그러니 그와 만난다는 자체가 끔찍한 일이다. 그런데 그저 한 번 만나는 것이 아니라 아예 그의 자식으로 태어나야 한다면 이것은 상상할 수 없을 정도로 끔찍한 일일 것이다. 그런 사람의 자식으로 태어나면 평생 괴로움을 겪을 것이기 때문이다.

이런 경우 부모가 된 영혼은 이 자식을 공연히 미워하고 다른 자식들과 차별해서 찍어 누르고 괴롭힐 것이다. 아마 부모가 된 영혼은 자기가 왜 그러는지 모르고 그냥 어떤 알 수 없는 힘에 이끌려 그 자식을 핍박할 것이다. 자식이 된 영혼도 자신이 크게 잘못한 것 같지도 않은데 부모들이 왜 자기한테만 못되게 구는지 알지 못한다. 그래서 더 원한을 크게 갖게 되고 서로 간의 적의는 전생보다 더 커질 수 있다. 따라서 관계의 복원이 불가능하게 될 수도 있다. 중생들의 삶의 업보는 이런 식으로 굴러가는 눈덩이처럼 자꾸 커져 회복이 불가능한 것처럼 돌아갈 수도 있다(그러나 불가능이란 없다).

이럴 때 카르마는 어떤 역할을 하는 것일까? 앞에서 카르마는 영혼들로 하여금 배움을 갖게 해 주는 것이라고 했다. 이 경우 무슨 가르침을 준다는 것일까? 신비가들의 전언에 따르면 이 우주는 모든 것이 서로 긴밀하게 연결되어 있어 다른 대상에게 해를 입히면 어떤 식으로든 그 힘이 가해자에게 도로 가게 되어 있다. 그러니까 해를 입는 사람만 피해를 보는 게 아니라 해를 가한 사람도 결국은 피해를 보게 된다는 것이다. 카르마 법칙은 가해자가 피해를 입는 환경을 만들어 내 가해자로 하여금 우주의 법칙을 어기면 어떤 과보가 있는지 보여주는 것이다. 이것은 가해자에게 벌을 주는 것이 아니라 가르침을 주는 것이다.

고등 종교에서는 자신이 지은 죄를 뉘우치고 자기를 괴롭힌 사람을 무조건 사랑하고 용서하라고 가르치는데, 그렇게 한다고 해서 과보가 완전히 없어지는 것은 아니다. 카르마의 법칙은 엄중해서 자기가 한 일에 대해서는 어떤 식으로든 과보를 받아야 한다. 예를 들어 사람을 죽인 어떤 사람이 그 후에 죄를 뉘우쳤다고 하자. 그리고 피살자의 가족들도 용서를 했다고 하자(이런 일은 극히 드문 일이지만). 이렇게 상황이 좋게 돌아가도 가해자의 카르마가 완전히 없어지는 것은 아니다. 다만 이렇게 가해자가 뉘우칠 경우 과보가 독하게 돌아가기보다는 조금 유순하게 돌아갈 수는 있겠다. 그러나 카르마의 법칙은 매우 복잡해서 어떤 요인이 어떻게 작용할지 몰라 정확하게 예측하는 것은 어려운 일이다.

다른 예를 들어보자. 이것은 예수의 이야기인데 어떤 사람이 예수에게 "시각장애인은 무슨 죄를 저질러 앞을 못 보는 상태로 태어났느냐?" 하고 물었다. 그러자 예수는 그것은 죄가 아니라 하느님의 영광을 드러내기 위해 생긴 사건이라고 답했다. 이런 이야기를 그 장애인이 직접 들었는지는 모르겠지만 만일 들었다면 좀 섭섭해 하지 않았을까? 자신은 시각장애인이 된 신세가 한탄스러운데 그게 신의 영광이 드러나는 일이라고 하니 말이다.

그러나 예수의 말을 굳이 이해 못할 바는 아니다. 이런 장애인들은 업보 때문에 장애인이 되었지만 그것을 통해 업을 탕감할 수 있기 때문이다. 그 정도에 그치는 것이 아니라 그 힘든 상황을 딛고 한 걸음 더 나아가면 비장애인들이 이룩할 수 없는 성취도 할 수 있다. 비장애인들보다 더 빠르게 진보할 수 있다는 것이다. 이런 의미에서 예수는 하느님의 영광을 언급한 것이리라.

 이제 환생과 업보 이야기를 본격적으로 할 때가 온 것 같다. 왜 우리는 이 지상에 거듭해서 태어나는 것일까? 이 점은 종교와 영에 관한 공부를 하는 사람들은 매우 궁금할 것이다. 이 생과 영계의 삶에서 가장 중요한 원리인 카르마는 무엇이며 어떤 방식으로 작동하는가를 아는 것이다. 인도 종교에서는 이것이 가장 핵심적인 교리라고 할 수 있다.

20

생일은
왜
축하해야 할까?

지상에 태어나는 가장 큰 이유는 자신을 수양하기 위해서라고 했다. 그래서 우리는 누구나 카르마의 법칙에 따라 일정한 과업 혹은 숙제를 갖고 태어난다. 우리는 일생 동안 이 숙제를 풀기 위해 지속적으로 수양하면서 자신의 영적인 발달을 꾀해야 한다.

'생일을 왜 축하해야 할까?'라고 묻는 이번 장의 질문은 영 생뚱맞다. 카르마를 이야기하다 갑자기 생일 축하 이야기를 하니 말이다. 앞에서 본 것처럼 이 지상에 태어나는 것은 굳이 불교의 교리를 거론하지 않더라도 대단히 고통스러운 체험이다. 이런 관점에서 본다면 사람들이 생일잔치를 하는 것은 이상한 일이 아닐 수 없다. 왜냐하면 좋은 곳(?)인 영계에 있다가 고통의 바다로 들어온 첫날을 축하하는 것이니 말이다.

비유하자면 교도소에 수감된 죄수들이 각자가 교도소에 들어온 날을 축하한다며 자기 돈을 들여 기념 잔치를 하고 선물을 주고받는다면 제정신이 있는 사람으로 보일까? 혹은 군대에 징집돼 복무하는 사병들이 입대일을 크게 축하하면 국방부는 좋아할지 모르지만 군대를 갔다 온 사람들이 보면 분명 정신 나간 짓이라고 할 것이다.

그래서 나는 자신의 생일을 축하해 달라고 하는 사람들을 보면서 뜨악했던 기억이 많다. 이 사람들은 그저 이 세상에 태어난 것 혹은 없다가 생겨난 자체가 좋다는 것인데 어떤 점이 좋고 나쁜지 전혀 모르고 그저 여기 내가 있으니까 좋다고 여기는 무지한 철부지 같아서였다. 생일이라고 무조건 좋아하고 축하하는 것은 카르마가 어떤 것인지를 조금도 이해하지 못한 채 행하는 바보 같은 짓이다. 이보다 더 바보스러울 수 없다.

소극적인 관점에서 볼 때 이 세상에 태어나는 것은 분명 대재앙이다. 이 세상은 엄청난 고해이기 때문이다. 그래서 옛 인도 사람들은 다음 생에는 차라리 모기 같은 곤충으로 태어나게 해 달라고 빌었다. 이 점에 대해서는 앞에서 어느 정도 이야기했다. 우리는 육체가 있기 때문에 끊임없이 먹고 소화하고 배설해야 하고, 끝없는 이기심 때문에 타자와 지속적인 갈등 관계에 있어야 한다. 이런 점은 특히 결혼을 해 보면 알 수 있는데, 인생의 쓴맛을 알기 위해서는 결혼을 하는 것이 지름길이라 말할 수 있을 정도이다. 특히나 이기적인 두 자아가 만나 만들어 내는 끊임없는 격돌은 쓰기가 소태보다 더하다.

그런데 이런 역경 속에서도 작은 것에 감사하고 항상 주변 사람들을 배려하며 사는 훌륭한 사람들이 있다. 이러한 삶은 당연히 훌륭한 것이다. 그러나 카르마의 입장에서 보면 이것 가지고는 부족하다는 것을 알 수 있다. 삶은 괴롭지만 그럼에도 불구하고 나는 감사하는 마음을 갖고 살겠다는 것은 훌륭한 태도이기는 하지만, 아직도 높은 수준에는 못 미친다는 것이다.

그러나 사실은 일반인들이 생각하는 입장이 아니라 카르마의 입장에서 볼 때 생일은 분명 축하할 만한 날이다. 축하도 크게 축하할 만한 날이다. 왜일까? 이것은 카르마의 작동 원리를 알지 않으면 가능하지 않은 일이라 사실 일반인들은 쉽사리 알기는 힘든 도리이다. 그렇다고 끝까지 모를 일도 아니다.

이 도리를 아는 것이 힘들다는 것은 이 지상의 삶뿐만 아니라 영계에서의 삶에 대해서도 어느 정도 알고 있어야 하기 때문이다. 그와 같이 두 세계를 모두 알아야 전체적인 조망이 가능하고 그 시각에서 봐야 하니 그렇다는 것이다. 그런데 지상의 삶은 어느 정도 설명이 가능하지만 영계에서의 삶은 아무리 해도 기억이 안 날 터이니 일반인들을 이해시키는 일은 힘들 수밖에 없다.

지상에 태어나는 가장 큰 이유는 자신을 수양하기 위해서라고 했다. 그래서 우리는 누구나 카르마의 법칙에 따라 일정한 과업 혹은 숙제를 갖고 태어난다. 우리는 일생 동안 이 숙제를 풀기 위해 지속적으로 수양하면서 자신의 영적인 발달을 꾀해야 한다. 그런데 대부분의 사람들은 이 숙제를 풀기보다 지상에서의 오욕만 충족시키는 쾌락에 빠져 시간을 허비하고 있다.

지상은 물질계인지라 보통 수준의 영혼들은 물질에서 벗어나기가 매우 힘들다. 게다가 소소하게 욕심을 차리면서 작은 쾌락을 얻기 때문에 그 쾌락을 더 얻기 위해 용맹 정진하는 게 우리 인생이다. 쾌락은 거기에만 있다고 생각해 더 돈을 벌려 하고 권력을 더 거머쥐려 하고 더 많은 색(色, 異性과 소비 문화)을 추구한다.

이것은 우주적 입장에서 볼 때 잘못된 것이다. 이렇게 해서는 진정한 발전이 없기 때문이다. 영혼이 계속해서 이렇게 가면 카르마가 등장해 그에게 일정한 고통을 가한다. 지상에 고통이 난무하는 까닭은 바로 그 때문이다. 고통은 사람들을 상기시켜 지금의 길이 잘못됐다는 것을 알려 주는 역할을 한다. 그래서 그 사람이 궤도를 수정할 수 있도록 도와준다.

이 사정을 알려면 영계의 모습을 환기해야 한다. 지금까지 본 영계가 어떤 곳이었던가? 그곳은 자신의 의식대로 펼쳐지는 곳이기 때문에 좋은 생각을 갖고 있으면 얼마든지 좋은 환경을 만들어 낼 수 있다. 그런데 문제는, 그렇게만 하고 있으면 마냥 좋기만 해 무엇을 더 해야겠다는 생각이 들지 않는다는 것이다. 이게 불교에서 말하는 육도윤회 가운데 천상의 삶이다. 이곳에서의 생활은 지극히 편해 누리기만 할 뿐 자신의 발전에 대해 생각하지 않게 된다. 따라서 자신의 발전을 위해 풀어야 할 숙제에 대해 둔감할 수 있는 것이다.

그에 비해 지상의 삶은 고통 그 자체이다. 고통은 영혼에게 그가 옳은 길에서 벗어났으니 본연의 길로 돌아가라고 재촉한다. 만일 그래도 영혼이 깨닫지 못하면 지속적으로 고통을 선사한다. 만일 우리에게 고통이 없다면 우리는 자신의 업보나 과업, 혹은 숙제가 무엇인지 모르고 인생을 허비할 수 있다.

그렇게 무지한 채로 죽음을 맞이하면 그 숙제는 다음 생으로 인계된다. 이 숙제는 절대로 없어지지 않고 우리가 노력해서 스스로 풀 때까지 주위를 맴돈다. 그걸 알게 해 주는 유일한 단서가 바로 고통이다. 고통은 끊임없이 영혼을 자극해 우리에게 큰 숙제가 있음을 상기시킨다. 그런데 그 고통을 느낄 수 있는 곳은 바로 지상이다. 우리는 지상에 태어났을 때 고통을 통해 이 사실을 명확하게 알게 된다.

지상의 삶이 필요한 것은 바로 이런 이유 때문이다. 지상에서의 고통은 우리를 연단시키기 때문에 발전의 속도를 빠르게 한다. 따라서 우리가 하기 여하에 따라 영계에 있을 때보다 훨씬 더 빠르게 발전할 수 있다. 이와 같이 세상은 훈련장이다. 훈련장 중에서도 아주 '빡센' 훈련장이다.

20세기 최고의 요기 라마크리슈나(Ramakrishna, 1836-1886)의 제자인 비베카난다(Vivekananda, 1862-1902)는 1893년 시카고 종교회의에 참석해 '자꾸 환생하는 것을 싫어하고 미워할 것이 아니라 감사해야 한다.'고 했다. 인도 종교에 따르면 이 세상은 힘든 것인데 외려 감사하라는 것이다. 이것은 세상에는 빠른 영적 발달이라는 보답이 있기 때문이다. 이 정도의 설명이면 이제 우리가 지상에서 태어난 날(생일)을 왜 감사해야 하는지 알 수 있을 것이다.

21

카르마란 무엇인가?

우리가 카르마 혹은 업보에 대해 가장 잘못 생각하는 것은
그것을 벌로 생각하는 것이다. '내가 잘못했으니 이런 업보를 받지.'
하는 식으로 말한다. 그러나 다스칼로스 같은 사람은 명확하게
'인생에 벌이란 없다.'고 주장한다.

지금까지 이야기한 것을 보면 하나의 일관된 법칙이 작동하고 있는 것을 알 수 있다. 카르마(Karma, 業)가 그것이다. 카르마는 우리의 인생에서 매우 중요한, 아니 가장 중요한 법칙이라 할 수 있다. 따라서 앞에서 카르마를 간헐적으로 보았지만 이제는 카르마가 무엇인지 본격적으로 살펴보아야겠다.

카르마라는 단어는 산스크리트어로 '(무엇을) 하다'라는 뜻을 갖고 있다. 한자로 '업' 혹은 '업보'로 번역되는데 이것이 불교나 힌두교를 비롯한 인도 종교에서 기본적인 교리라는 것은 누구나 알고 있다. 이 교리는 수천 년 전에 작성된 베다(Veda)에서부터 내려온 것이기 때문에 그 역사가 길어 전모를 아는 것이 결코 쉽지 않다.

카르마 이론(혹은 업보설)을 아주 단순하게 정의하면 다음과 같다. 우리가 '행동과 말과 의도로 하는 모든 일'이 무의식 깊은 곳이나 소위 아카샤(Akasha, 허공 혹은 하늘을 의미) 레코드라는 곳에 저장된 상태로 있다가 때가 되면 그에 맞는 결과를 나타나게 하는 것이 업보설의 대강이다. 이 원리가 작동될 때에 주관하는 역할을 맡은 초월적인 조정자(Supreme Controller) 혹은 신적인 지성(Divine Intelligence)이 설정되기도 한다. 이렇게 저장된 것들이 적절한 때에 발현될 상황이 되면 그에 맞는 과보가 생길 수 있게 조정하는 역할자가 필요하기 때문이다. 그러면 이 조정자나 지성은 카르마 법칙과 어떤 관계일까?

여기서 다시 다스칼로스나 마르티누스의 도움이 필요하다. 그들에 따르면 카르마 법칙은 정점을 향한 영혼의 진화를 위해 존재한다. 이 정점을 간단하게 정의하면, '개개 영혼이 지혜와 사랑을 닦아 자아(의 이기적인 욕망)를 초월하여 자신들(의 의식)의 근원인 우주 의식과 하나 되는 것'이라 할 수 있다. 이 근본 목표는 무한히 먼 곳에 존재한다. 인류 역사에서 이곳에 도달한 사람은 붓다나 예수를 위시해서 지극히 적은 숫자에 불과하다. 그러나 모든 인간이 이 우주(혹은 신적인 지성)에 도달하기를 원한다. 우리가 원래 시작된 곳이기 때문이다.

우리가 카르마 혹은 업보에 대해 가장 잘못 생각하는 것은 그것을 벌로 생각하는 것이다. '내가 잘못했으니 이런 업보를 받지.' 하는 식으로 말한다. 그러나 다스칼로스 같은 사람은 명확하게 '인생에 벌이란 없다.'고 주장한다. 존재하는 게 있다면 그것은 벌이 아니라 '경험' 뿐이라고 한다. 이는 대단히 탁월한 견해이다. 우주적 조정자 혹은 지성은 카르마라는 법칙을 통해 개개 영혼들이 진화할 수 있도록 다양한 경험을 제시하게 된다. 그리고 우리는 그러한 경험을 통해 우주의 법칙을 깨달아 간다.

그런데 이 카르마가 운용되는 양상은 지극히 복잡해 다스칼로스 본인도 정확하게 예측할 수 없다고 했다. 우리가 얼마나 많은 생애들을 살았는지 생각해 보면 충분히 그럴 수 있을 것이다. 환생 교리에 따르면 우리는 적어도 수백 생을 살았고 그 이전도 어떤 형태로든 존재했었다(사실 우리의 의식은 한 번도 존재하지 않은 적이 없다). 우리가 그 긴 세월 동안 얼마나 많은 생각과 행동을 했겠는가? 사정이 그렇다면 그 많은 생각과 행동이 언제 어떤 결과를 낳을지 안다는 것은 결코 쉬운 일이 아닐 것이다. 그리고 그것들이 어떤 조합으로 어떤 새로운 결과를 가져올지는 실로 알기 어려운 일이다. 그래서 다스칼로스도 이 카르마가 운용되는 양상을 전부는 모른다고 한 것이고, 붓다 당시에도 거의 붓다 수준에 오른 사람이 카르마의 운용을 정확하게 예측하는 데에 실패한 사례가 있다. 그러나 미세한 것이 그렇다는 것이고 카르마가 크게 작용하는 것은 어렵지 않게 알 수 있다.

  이에 대해서는 앞에서 본 것처럼 에드가 케이시의 자료를 정리해 책으로 출간한 지나 서미나라(Gina Cerminara, 1914-1984)도 동의하고 있다. 그 역시 이 카르마란 작용과 반작용, 혹은 원인과 결과가 작동하는 것을 말하니 부정적인 것으로 볼 하등의 이유가 없다고 주장한다. 그러나 카르마는 단순한 인과관계가 아니라 도덕률로서 작용한다는 것을 잊어서는 안 된다. 가령 우리가 이기적으로 행동한다거나 남들에게 사악하게 굴면 카르마 원리가 작동하게 된다. 이런 경우에 카르마는 일종의 방해물로 작용한다. 카르마가 이렇게 작동하는 것은 내가 우주의 도덕적 목적의식에 어긋나는 일을 했기 때문이다. 이럴 때 카르마가 행동에 제동을 걸면서 균형을 잡아주는 것이다. 그러나 만일 내가 우주의 (도덕적) 법칙에 합당하게 행동하면 굳이 카르마가 작동할 필요가 없다.

우리는 인생을 사는 동안 도저히 현세의 인과관계로는 설명할 길이 없는 일을 많이 겪게 된다. 갑자기 사고를 당해 몸을 크게 다치거나 재물을 많이 잃어버리는 일들이 있을 수 있다. 이번 생에 살면서 자신은 별 잘못을 한 것 같지 않은데 큰 사고를 당하면 억울하고 분할 수 있다. 그러나 카르마의 입장에서 살펴보면, 이것은 당신이 과거 언젠가 우주의 법칙에 어긋나는 일을 했다는 것을 말해 준다. 경우마다 다르니 그것이 언제라고 일률적으로 말할 수는 없다. 가까운 전생의 일일 수도 있고 먼 전생의 일일 수도 있다.

이런 일이 생기면 우리는 고뇌와 좌절에 빠지게 되는데 이 고통을 통해 스스로의 삶을 재점검하고 반성하면서 평상심을 찾는 것이 바른 길이다. 그렇지 않고 '왜 나만 이런 고통을 겪어야 하나? 세상은 불공평하다. 신은 무정하다.'라고 하면서 그 원인을 밖에서 찾으면 자신을 성찰할 수 있는 기회를 놓치게 된다.

이런 시각에서 보면 세계의 고등 종교들이 설파한 기본적인 가르침을 이해할 수 있다. 대부분의 세계종교에서는 무조건적인 사랑과 용서 혹은 관용을 주장하는데, 이것은 카르마의 원리에서 보면 비로소 그 참 뜻을 이해할 수 있다. 타인으로부터 해를 입을 경우 우리는 대개 복수를 생각한다. 그러나 카르마 원리를 알면 그렇게 쉽게 행동할 수 없을 것이다. 그런 일을 당했다는 건 우리가 과거 생 어느 때인가 그에 상응하는 짓을 남에게 했다는 것을 뜻한다.

따라서 지금 내가 해를 입는 것은 과거의 행위로 어그러진 균형을

회복하려는 카르마의 의도라 볼 수 있다. 그런데 그것을 모르고 원망이나 보복으로 응대한다면 그것은 균형을 잡으려는 카르마의 시도를 무산시키게 된다. 그렇게 되면 다시금 카르마의 바퀴가 굴러 나중에 똑같은 일이 생기고 그 결과 고통을 또 겪어야 한다. 카르마의 보복이 끊임없이 이어지는 것이다.

그렇다고 반드시 사랑의 감정으로만 가라는 것은 아니다. 그 상황에서 어떻게 해야 이 업보를 쉴 수 있을지에 대해서는 아주 냉정하게 생각해 보아야 한다. 보복은 하지 않는 게 좋지만 보복이 불가피한 경우에도 미움의 감정을 일으키지 않고 하는 게 카르마를 쉬게 할 수 있는 길이라는 것을 잊지 말아야 한다.

이것은 좋은 일이 생길 때에도 마찬가지이다. 어떤 사람이 복권에 당첨됐다고 하자. 그러면 이 사람은 '대박이 터졌다.' 고 좋아하겠지만 카르마의 관점에서 그는 이전에 이런 일이 생길 수 있는 행동을 했다고 보아야 한다. 예를 들어 몇 생 전인지 모르지만 이 사람이 어떤 사람이나 기관에 아주 많은 돈을 꾸어 주고 못 받았을 경우 이번 생에 이와 같은 복권 당첨으로 나타날 수도 있다. 만일 이런 사실을 안다면 그는 결코 무조건 기뻐하고 흡사 '공돈' 이 생긴 것처럼 마구 낭비하고 퇴폐적으로 살 수 없을 것이다. 원래 자기 돈이었기 때문이다.

우리는 왜 그때 그런 카르마의 발현이 있는지 잘 모른다. 그러나 확실한 것은 그때 그런 사건이 생기는 것이 그 사람의 영적인 발전을 위한 장치라는 것이다. 따라서 우리는 언제 어떤 일이 생기든 감사하게 생각해야 한다. 왜냐하면 지금 내게 생긴 이 일은 나를 영적으로 고양시켜 줄 최고의 기회이기 때문이다. 기독교 같은 세계 종교에서 모든 일에 감사하라는 것은 이런 뜻일 것이다. 이렇게 일상생활에서 균형을 잃었을 때에만 카르마가 작동한다는 것을 알게 되면 우리가 직면하는 여러 문제에 대해 깊이 통찰하는 능력을 가질 수 있다.

22

카르마가
운용되는
실제 모습은?

우리가 인생에서 어떤 일을 겪든
그것은 카르마가 균형을 잡으려는 시도이니 그 의미를 알아내야 한다.
만일 사건의 의미를 알아내지 못한다면
몇 생을 두고 비슷한 사건이 계속될 터이니 여간 곤혹스러운 게 아니다.

현생의 모든 것이 수많은 전생에서 결정된다는 카르마 이론은 결정론에 빠지기 쉽다. 그런데 결정론과 인과론은 엄연히 다르다. 결정론은 '모든 것은 과거의 원인에 의해 결정된다.'고 하는 것이지만 인과론은 '모든 것에는 원인이 있다.'고만 주장하는 것이기 때문이다. 모든 것에 원인이 있다는 것은 만고불변의 진리 아니겠는가? 그 원인들이 어떻게 조합되어 어떤 결과를 만들어 내는가 하는 것은 실로 예측하기 어려운 터라 쉽게 뭐라 이야기할 수 없다.

이렇게 모든 것에 원인이 있다고 하면 계속해서 그 시초로 거슬러 올라갈 수 있을 것이다. 그러니까 이 업보가 최초에 어떻게 굴러가기 시작했느냐에 관한 것이다. 이 문제의 답은 정말로 알 수 없다. 얼마나 답변하기 힘들었으면 붓다도 카르마가 최초에 움직이던 모습은 알 수 없다고 토로했을까. 그러니 우리 같은 범부들은 그것을 알려고 생각할 필요조차 없겠다. 그러나 지금까지의 연구들을 종합해 보면 카르마의 실상을 어느 정도는 알 수 있다.

첫 번째로 볼 카르마의 속성은 연속성이다. 우주의 질서에 어긋나지 않는 생각이나 행동은 지속되는 경향이 있다. 이런 경우에는 카르마가 굳이 개입하지 않는다. 그렇다고는 해도 우리는 계속해서 노력할 필요가 있다. 이 노력에 대한 과보가 금세는 아니어도 언젠가는 나에게 돌아오기 때문이다. 이번 생에 닦은 것이 다음 생 언젠가는 반드시 발현하게 되는 것은 카르마가 연속되기 때문이다.

이런 예는 얼마든지 들 수 있다. 가령 어려서부터 믿을 수 없는 음악성을 보였던 모차르트 같은 사람을 어떻게 설명할 수 있을까? 인류 역사에 하나 나올까 말까 하는 그런 천재성이 한 생애 동안에 만들어질 수는 없는 일이다. 이것은 수많은 생 동안 다져진 결과가 아니라면 설명하기가 매우 힘들어진다. 분명 모차르트라는 영혼은 여러 생 동안 자신의 음악성을 키워 왔을 것이다. 그런데 능력뿐만이 아니라 종교나 인종, 성 등에 대해 가졌던 태도도 여러 생 동안 지속된다고 한다. 아울러 내향성이나 외향성 같은 성격의 특징들도 생을 넘나들면서 계속된다고 한다.

그다음 특성은 보복적인 면으로도 표현되는 카르마의 반작용성이다. 우리가 카르마에 대해 말할 때는 주로 이 반작용적인 면을 이야기한다. 앞에서 본 것처럼 우주의 원리에 위배되게 행동하면 균형을 잡기 위해 카르마가 그에 상응하는 반작용을 일으킨다. 이런 면에서 보면 카르마가 징벌의 성격을 띤다고도 생각할 수 있다. 이 때문에 카르마가 부정적인 법칙으로 평가될 수도 있지만 먼저 동기를 만든 건 인간이지 우주가 아니니 그것을 보고 부정적이라고 할 수는 없다.

보복적 반작용 가운데 가장 먼저 거론할 것은 직접적인 반작용이다. 이것은 '부메랑적인 카르마'라고도 한다. 이것을 예측하는 것은 상대적으로 쉽다. 만일 내가 전생에 누구를 죽였으면 다음 생에 그에 의해 죽임을 당하는 것이 그것이다. 자기가 타인에게 행한 것을 고스란히 돌려받는 것이다. 또 어떤 백인이 흑인 노예를 아주 못살게 굴면 그다음 생에는 그 백인 자신이 흑인 노예로 태어나 자기가 한 만큼 대우 받는 것도 전형적인 예라 하겠다. 이것은 워낙 자명한 일이라 더 설명할 필요가 없겠다.

그런데 카르마가 이렇게 직접적으로만 진행되는 것은 아니다. 과보가 간접적인 방법으로도 나타날 수 있기 때문이다. 이것을 상징적인 과보라고 하는데 청각 장애인으로 태어난 사람을 예로 들어보자. 이 사람이 이번 생에 소리를 들을 수 없게 된 원인이 그가 반드시 전생에 누군가의 귀를 멀게 한 때문인 것은 아니다. 이것 말고 다른 요인으로도 청각장애의 과보가 가능하기 때문이다.

다른 요인 중에 가장 많이 드는 예가 있다. 이런 사람은 전생에 누군가가 큰 위험에 빠져 아주 절실하게 도움을 청한 것을 야멸차게 거절한 경험이 있다는 것이 그것이다. 귀라는 기관은 남이 도움을 청할 때 그 요구를 듣고 적절하게 도와주라고 있는 것인데 그렇게 하지 않아 그것에 대한 보복으로 그 사람의 청각 능력을 아예 뺏었다는 것이다. 설명은 이렇게 하지만 이런 카르마의 작용, 즉 남의 말을 안 듣는 것과 자신이 귀머거리가 되는 것에 어떤 인과관계가 있는지 의문이 남는다.

보복적인 차원에는 윤리적인 것만 있는 것이 아니다. 신체와 관련된 잘못된 습관이 과보를 남기는 경우도 있기 때문이다. 예를 들어 어떤 사람이 소화기관이 유난히 약해 전생을 조사해 보았더니 전생에 과식을 자주 한 것으로 드러났다. 너무 많이 먹어 소화기관이 약해졌을 것이고 그 상태가 다음 생까지 계속된 것으로 추측할 수 있다.

비슷한 경우로 비만이 심한 사람을 예로 들 수 있다. 웬만한 비만은 이번 생의 일로 설명이 되지만 도무지 자신이 주체할 수 없는 비만은 전생에서 기인하는 경우도 있다고 한다. 이런 사람의 경우 전생에 굶어 죽었을 수도 있다고 한다. 그런 상태로 죽은 경험이 아주 심하게 각인되어 그대로 다음 생으로 이어진 것이다. 그다음 생에서는 전생에서 굶어 죽은 기억 때문에 자꾸 먹어대다가 고도 비만이 된 것이다. 성인들에 따르면 죽을 때 마지막 가졌던 생각이 그다음 생에서는 첫 번째 생각이 된다고 하는데 전생의 기아사(飢餓死)의 기억이 그대로 다음 생의 첫 번째 기억이 된 것이다.

그다음 예로 드는 보복적 차원은 윤리적인 면에 해당하는데 여기서는 심신상관적인 면이 관여한다. 누군가를 아무 이유 없이 크게 비방하거나 비웃어 극도로 힘들게 만들었다면 우리 역시 그에 상응하는 과보를 받아야 한다. 케이시의 자료에는 이런 예가 나온다. 어떤 사람이 극도의 비만으로 고생했는데 이 사람의 전생을 조사해 봤더니 아주 먼 전생에 어떤 뚱뚱한 사람을 온갖 방법으로 경멸했던 모양이다. 다른 사람을 경멸하는 것은 우주의 법칙에 어긋나기 때문에 카르마가 개입하지 않을 수 없었다. 그래서 이번 생에는 균형을 잡고자 자신이 비만 때문에 고생하게 되었다. 그 부적절한 행동에 대해 뉘우치지 않으면 비만에서 벗어날 수 없다고 한다.

원불교를 세운 소태산도 이와 비슷한 이야기를 하는데 그가 든 예 중에 케이시가 거론한 예와 비슷한 것이 있어 흥미를 유발한다. 만일 어떤 사람을 대중들 앞에서 근거도 없이 부적절하게 창피를 주면 그 사람은 다음 생에 얼굴에 흉한 점이나 흉터가 생겨 평생을 활발하게 살지 못하게 된다. 다른 사람 얼굴을 화끈거리게 했으니 다음 생에는 그것을 자신이 당해야 하기 때문이다.

이 같은 카르마에 관한 이야기들은 우리에게 교훈을 준다. 우리가 인생에서 어떤 일을 겪든 그것은 카르마가 균형을 잡으려는 시도이니 그 의미를 알아내야 한다. 만일 사건의 의미를 알아내지 못한다면 몇 생을 두고 비슷한 사건이 계속될 터이니 여간 곤혹스러운 게 아니다. 따라서 우리는 그 의미를 정확하게 파악해서 카르마를 벗어나면서 발전을 이루어야 한다.

23

카르마를
대하는 우리의
바른 태도는?

아무튼 이런 과정을 거쳐 영혼들은 신체적 유전이나 자신이 풀어야 할
과업을 가지고 지상의 세계를 두리번거린다.
그리곤 숙제를 가장 잘 풀 수 있는 부모와 환경을 찾아 길을 떠난다.
이때 자신의 카르마와 맞는 부모가 있으면 자신도 모르게 자석에 끌리는 것
처럼 찾아가게 된다는 것은 앞에서도 밝혔다.

카르마의 대강에 대해 보았지만 다루지 못한 세세한 것들이 훨씬 더 많다. 이제 그것을 살펴보고 이 책도 마쳐야겠다. 앞에서 누누이 밝혔듯이 우리가 만드는 이루 말할 수 없이 많은 카르마는 대체 어떻게 조합되고 어떤 식으로 발현되는지 전모를 알기가 힘들다. 그런데 한 가지 분명한 것은 때를 모를 뿐이지 발현할 때가 되면 그 카르마는 반드시 나타난다는 것이다.

그때가 이번 생이 될 수도 있고, 다음 생 아니면 한참 뒤의 생의 될 수도 있다. 이것과 관련해 알아 두어야 할 것은 카르마의 발현은 영혼이 자신의 카르마를 짊어질 충분한 힘이 생길 때까지 미루어진다는 것이다. 이 점에서도 우주는 항상 개개 영혼들에 대해 전적인 배려를 하고 있다는 것을 알 수 있다. 그런가 하면 카르마는 대부분 다른 사람과 연관되어 있으니 그 사람이 같은 생에 태어나야만 발현이 될 수 있겠다. 관련 인물을 만나지 못하면 그와 얽힌 카르마는 계속해서 대기 상태로 있는 것이다. 그런데 그 다른 영혼도 자신의 카르마를 갚기 바빠 자기 나름대로 돌아다닐 터이니 두 영혼이 같이 만나는 일이 쉽지만은 않을 것 같다.

다른 이야기로, 현대에 와서 인구가 많이 늘어나는 이유에 대해 카르마의 입장에서 본 재미있는 견해가 있다. 상식적으로 보면 현대 사

회가 풍족해지고 의술이 발달하여 사람의 수명이 늘어나니 인구가 폭발한다고 할 수 있겠다. 그러나 카르마의 관점에서 보면, 현대에 와서 많은 영혼들이 환생하는 이유는 현대가 카르마의 빚을 갚기에 아주 좋은 시기이기 때문이다. 그 이유가 무엇일까? 현대는 인지가 매우 발달하여 우주와 인간에 대한 광범위하고 심오한 지식과 정보를 얻을 수 있다. 사실 인류 역사에서 현대와 같이 심오한 지혜에 대한 접근성이 뛰어났던 시대는 없었다.

전근대사회에서는 깨달음 같은 최고의 지혜나 인간의 무의식 영역 같은 인간에 대한 깊은 이해, 혹은 물리학이 밝혀낸 사물의 궁극적 모습에 대한 지식 같은 최고급의 정보에 대한 앎의 정도가 아주 일천했다. 그러나 지금은 마치 하늘이 열린 것처럼 우주적 지혜가 쏟아지고 있고, 누구든 그 지혜에 가까이 갈 수 있게 되었다. 과거에는 극소수의 사람만이 깨달음을 통해서나 알고 있던 최고급의 지혜를 지금은 책을 사거나 인터넷 등을 통해 '언제 어디서나 누구든' 얻을 수 있게 되었다.

따라서 많은 영혼들은 이런 최고의 지혜를 얻기 위해 빨리 환생하는 것을 택했고 그런 이유로 현대에 인구가 폭발했다는 것이다. 이 주장은 진위를 떠나서 경청할 만한 요소가 있다. 이렇게 영계에 대해 이야기하고 카르마의 법칙에 대해 공공연하게 말하는 것은 몇십 년 전만 해도 상상조차 할 수 없었던 일이다. 그런데 지금은 이런 고급 지식을 손쉽게 구할 수 있다. 많은 영혼들이 영계에서 자신이 만들어 낸 사념의 세계에 안이하게 안주하는 것보다 거친 물질계에 와서 최상의 지식을 습득하기 위해 환생을 거듭하는 것이다.

그런가 하면 우리가 살면서 겪는 사건 중에 설명하기 쉽지 않은 것들도 카르마 이론으로 설명해 볼 수 있다. 이런 예는 수도 없이 많다. 가령 아무 이유 없이 어떤 것에 과민한 반응을 보이는 것이 그렇다. 물론 많은 경우는 현생의 경험으로 충분히 설명할 수 있을 것이다. 그러나 현생에서 그 이유를 찾지 못한다면 전생과 연결해 설명해 봄직하다. 예를 들어 아무 이유 없이 특정 동물을 지나치게 무서워해서 그 동물만 나타나면(혹은 생각하기만 해도) 소스라치게 놀란다거나, 높은 곳만 가면 정신 못 차리는 고소공포증 등은 가끔은 전생과 연결해 원인을 찾아볼 수 있다. 폐소공포증의 경우도 그러한데, 사도세자처럼 전생에서 아주 좁은 곳에 갇혀 있다가 최후를 맞이한 사람이 다음 생에 겪게 되는 증세라 하겠다.

그런가 하면 꿈에 어떤 사건이나 풍경이 계속해서 나온다면 이것도 전생의 경험과 연관되는 것으로 유추해 볼 수 있을 것이다. 또 어떤 사람이 유독 심한 고독감을 토로하면 전생에 자살을 했을 가능성이 있다. 자살을 함으로써 스스로 고독한 곳으로 몰았으니 다음 생에는 그런 환경에 태어나 그것이 얼마나 힘든가를 체험하는 것이리라.

아무튼 이런 과정을 거쳐 영혼들은 신체적 유전이나 자신이 풀어야 할 과업을 가지고 지상의 세계를 두리번거린다. 그리곤 숙제를 가장 잘 풀 수 있는 부모와 환경을 찾아 길을 떠난다. 이때 자신의 카르마와 맞는 부모가 있으면 자신도 모르게 자석에 끌리는 것처럼 찾아가게 된다는 것은 앞에서도 밝혔다.

그렇게 해서 어머니의 자궁을 거쳐 지상에 다시 태어나면 전생들의 기억은 무의식 속에 잠재되어 여간해서는 알아내기 힘들게 된다.

이 시점에서 우리는 이런 질문을 던질 수 있다. 왜 우리는 전생을 기억하지 못하는가. 만일 우리가 전생을 알고 오면 이 생을 훨씬 더 효율적으로 살 수 있을 터인데 왜 전생을 다 잊어버리는가. 이에 대해 신비가들은 이렇게 답한다. 전생을 다 알고 오면 흡사 문제를 다 알고 시험장에 가는 것과 같다고 말이다.

만일 전생에서 짊어지고 온 숙제를 알면 문제를 풀기 위해 새로운 시도나 모험을 통해 자신의 영적인 진보를 꾀하지 않기 때문에 영혼에게 도움이 되지 않는다. 하기야 문제를 다 알고 시험에 임한다면 그 얼마나 맥이 빠지는 일이 되겠는가? 그렇게 하기보다는 항상 참신한 마음과 새로운 각오로 현실에 임하는 게 바람직하다. 새로운 생은 이전에 한 번도 생각해 보지 못했던 새로운 마음으로 그물에 걸리지 않는 바람처럼 자유롭게, 그러나 무소의 뿔처럼 강건하게 헤치고 나아가자.

에필로그

그러나 작은 소망이 있다면,
이 책에 나온 내용은 허랑방탕한 것이 아니라
인류 최고의 종교가들이 밝힌 것이니
그냥 지나치지 않았으면 하는 것뿐이다.

여기까지 영계에 대해 열심히 천착해 왔지만 사실 이 책은 영계에 대한 이야기가 아니다. 그보다는 지금 여기의 삶에 대한 것이다. '지금 여기서 우리가 어떻게 살아야 하는가.' 하는 질문으로 초점이 모여지기 때문이다.

현생의 삶은 죽음 너머의 삶과 떼어서 생각할 수 없기에 두 종류의 삶을 동시에 생각해보자고 한 것이다. 그래야 '지금 바로 여기'에서 우리가 무엇을 어떻게 해야 할지 알게 된다.

그런데 이리저리 에둘러 왔지만 결론은 상식적인 것이다. 지금까지 세계종교에서 제시한 대로 살면 된다. 우리가 이 생을 마치고 육신을 벗은 다음 영계로 가져가는 것은 딱 두 가지뿐이다. 이 두 가지를 불교 식으로 말하면 지혜와 자비이고 유대-기독교 식으로 말하면 배움과 사랑이다(이슬람교도 같다).

이걸 딱 한 글자로 표현하면 '업'이라 할 수 있다. 우리는 업, 즉 카르마만 가지고 세상을 뜨는데, 좋은 업을 갖고 가기 위해서는 세계종교가 가르친 대로 살면 된다.

따라서 우리는 돈 버는 것과 같은 부차적인(?) 것은 '하루살이'처럼 가벼이 여기고, 가장 중요한 것을 중심으로 하는 삶을 살아야 한다. 그 중요한 것이란 부지런히 공부해서 자신과 인간, 더 나아가서는 우주에 대한 심오한 지식을 익혀 자신의 영성을 개발하는 것이다. 그러면서 그렇게 닦은 것을 이웃에 알려 더 많은 사람들이 같은 길을 갈 수 있게 도와야 한다. 한 사람을 유익하게 하는 것은 전 우주의 진화를 도모하는 것이니 이웃과 나누는 것을 조금도 게을리 해서는 안 될 것이다.

그런데 안타까운 것은 대부분의 사람들이 부차적인 것과 본질적인 것을 혼동하면서 살고 있다는 것이다. 돈이나 지위 같은 것은 세상을 살아가면서 문제없을 만큼만 추구하면 될 것을, 온 생을 이것만 추구하다 본질적인 것은 뒷전에 놓는다. 그렇게 살면 태어날 때 가지고 온 숙제를 안 했으니 학습하기 위해 다시 와야 한다. 따라서 번거롭고 수고롭기가 이루 말할 수 없다. 한 생, 한 생 사는 게 얼마나 괴로운가를 알면 이번 생에 그림자 같은 세속적인 것을 추구하는 욕망이 조금은 사그라지지 않을까?

초기 원불교 교단을 보면 스승들은 제자들을 이렇게 유혹했다. '이번 생 안 나왔다 치고, 내게 속는다 생각하고 내 말대로 지혜를 닦아 깨달음의 세계로 가자.' 고 말이다. 제자들이 하도 세속적인 데에서 벗어나지 못하니 한 말일 것이다.

마지막으로 부탁하고 싶은 것은, 이런 유의 책을 쓸 때에 항상 밝히는 것으로, 이 책에서 말하는 것을 굳이 애써서 부정하거나 억지로 받아들이려고 노력할 필요가 없다는 것이다. 만일 이런 세계관에 동의할 수 없다면 책을 덮고 외면하면 된다. 다행히 마음에 와 닿는 바가 있으면 그것을 활용해 자신의 영적인 진화에 유용하게 쓰면 된다.

그러나 작은 소망이 있다면, 이 책에 나온 내용은 허랑방탕한 것이 아니라 인류 최고의 종교가들이 밝힌 것이니 그냥 지나치지 않았으면 하는 것뿐이다.

대 자유 획득을 빌 뿐이다.

| 참고문헌 |

국내 단행본

김영우, 『전생여행』, 정신세계사, 2009.
개리 레너드, 이균형 역, 『우주가 사라지다(Disappearance of the Universe)-기적 수업을 통해 배우는 예수의 진정한 가르침』, 정신세계사, 2010.
레이몬드 무디, 류근일 역, 『잠깐 보고 온 사후의 세계(Life after Life)』, 정우사, 1993.
마이클 뉴턴, 김도희 역, 『영혼들의 여행(Journey of Souls)』, 나무생각, 1999.
--------, 김도희 외 역, 『영혼들의 운명(Destiny of Souls)』 1, 2, 나무생각, 2011.
--------, 『영혼들의 기억(Memories of the Afterlife: Life Between Lives Stories of Personal Transformation)』, Llewellyn 출판사, 2011.
브라이언 와이스, 김철호 역, 『나는 환생을 믿지 않았다(Many Lives, Many Masters)』, 정신세계사, 1994.
스베덴보리, 김은경 역, 『천국과 지옥』, 다지리, 2003.
--------, 이모세 역, 『순정기독교(True Christian Religion)』, 예수인, 1995.
--------, 『De Coelo et de Inferno (천당과 지옥)』, Kessinger Publishing, 1758/2009.
엄영문, 『전생은 없다』, 동서고금, 2001.
--------, 『최면 길라잡이』, 동서고금, 2001.
에드가 케이시, 신선해 역, 『잠자는 예언자(Sleeping Prophet)』, 사과나무, 2011.
엘리자베스 퀴블러 로스, 성염 역, 『인간의 죽음(On Death and Dying)』, 분도출판사, 1979.
----------------, 『인생수업』, 류시화 역, 이레, 2010.
----------------, 『어린이와 죽음(On Children and Death: How Children and Their Parents Can and Do Cope With Death)』, Scribner, 1997.
제프리 아이버슨, 『전생의 나를 찾아서(More Lives Than One?)』, 장경각, 1989.
조 피셔, 손민규 역, 『환생이란 무엇인가(The Case for Reincarnation)』, 태일출판사, 2000.

조 피셔, 조엘 휘튼, 이재황 역, 『죽으면 무슨 일이 일어날까?(Life between Life)』, 기원전, 2004.
제인 로버츠, 서민수 역, 『세스 매트리얼』, 도솔, 2001.
--------, 서민수 역, 『육체가 없지만 나는 이 글을 쓴다』, 도솔, 2000.
지나 서미나라, 조의래 역, 『윤회의 비밀(Many Mansions)』, 장경각, 1988.
---------, 권미옥 역, 『윤회의 진실(The World Within)』, 정신세계사, 1995.
최준식, 『죽음, 또 하나의 세계』, 동아시아, 2006.
--------, 『왜-인간의 죽음, 의식, 그리고 미래』, 생각하는책, 2008.
--------, 『죽음의 미래』, 소나무, 2011.
켄 윌버, 조효남 역, 『모든 것의 역사』, 대원출판사, 2004.
--------, 『Sex, Ecology, Spirituality: The Spirit of Evolution』, Shambhala Publication, 2001.
퀴블러 로스, 최준식 역, 『사후생』, 대화출판, 1996.
키리아코스 C. 마르키데스, 김효선 역, 『지중해의 성자 다스칼로』 1, 2, 3, 정신세계사, 2008.
파드마 삼바바, 장순용 역, 『티베트의 사자의 서』, 김영사, 2008.
패트 로데가스트 & 주디스 스탠턴 편저, 서민수 역, 『엠마누엘: 빛과 사랑의 영혼』, 고려원미디어, 1992.
한국죽음학회, 『한국인의 웰다잉 가이드라인』, 대화문화아카데미, 2010.
헬렌 웜바흐, 서민수 역, 『삶 이전의 삶(Life before Life)』, 시공사, 1996.

국외 단행본

Arthur Guirdham, *We Are One Another*, C. W. Daniel Company, 1974.
Edith Piore, *You Have Been Here Before*, Ballantine Books, 1979.
George W. Meek, *After We Die, What Then?*, Ariel Press, 1988.
Ian Stevenson, *Twenty Cases Suggestive of Reincarnation*, University Press of Virginia, 1974.
----------, *Where Reincarnation And Biology Intersect*, Praeger Publishers, 1997.
----------, *Children Who Remember Previous Lives: A Question of Reincarnation*,

McFarland & Company; Revised edition, 2000.
──────, *Reliving Past Lives: The Evidence Under Hypnosis*, Barnes & Noble Books, 2000.
──────, *European Cases of the Reincarnation Type*, McFarland & Company, 2008.
N. O. Jacobson, *Life without Death-On Parapsychology, Mysticism & the Question of Survival*, Delacorte, 1971.
Jeffrey Armstrong, *Karma–The Ancient Science of Cause and Effect*, Mandala, 2007.
Kenneth Ring, *Life at Death*, William Morrow & Co, 1982.
Michael Newton, *Life Between Lives: Hypnotherapy for Spiritual Regression*, Llewellyn, 2004.
Morey Burnstein, *The Search of Bridey Murphy*, Doubleday, 1956.
Morris Netherton, *Past Lives Therapy*, Ace Book, 1979.

사후생 이야기

등 록 1994.7.1 제1-1071
1쇄 발행 2013년 6월 15일
4쇄 발행 2022년 7월 31일

지은이 최준식
펴낸이 박길수
편집인 소경희
편　집 조영준
관　리 위현정
디자인 이주향
펴낸곳 도서출판 모시는사람들
　　　 03147 서울시 종로구 삼일대로 457 (경운동수운회관)1207호
　　　 전　화 02-735-7173, 02-737-7173 / 팩스 02-730-7173

인　쇄 천일문화사(031-955-8100)
배　본 문화유통북스(031-937-6100)
홈페이지 http://www.mosinsaram.com/

값은 뒤표지에 있습니다.
ISBN 978-89-97472-39-0　04100
ISBN 978-89-97472-34-5　04100 (SET)

* 잘못된 책은 바꿔드립니다.
* 이 책의 전부 또는 일부 내용을 재사용하려면 사전에 저작권자와 도서출판 모시는사람들의 동의를 받아야 합니다.

이 도서의 국립중앙도서관 출판시도서목록(CIP)은 e-CIP 홈페이지 (http://www.nl.go.kr/ecip)에서 이용하실 수 있습니다.
(CIP제어번호: 2013005740)